中國是誰的

中國是誰的？

——從台北看北京

范疇 作

目次

第二章 權本主義看經濟

第五章 大歷史觀看兩岸

引言

「中國號」超級巴士

中國現在就像一台風雨中行駛在崎嶇山路上的拼裝超級大巴，窗外風雨交加，視線不足二十公尺，而每三十公尺就有一個彎道，車子負載過重，底盤不時擦撞路面突出物，避震彈簧已經超負荷，引擎已經過熱，速度表失靈，而油錶顯示，油箱中存油不足百分之二十，GPS導航儀顯示，下一站還在百公里之外。

這輛拼裝的中國超級大巴，體積為正常巴士的十倍，引擎可達一千馬力，載客五百人，車身外部漆有「超級大巴崛起試航」字樣，但其駕駛者只有一名。車上許多人雖然也有若干駕車經驗，他們都想幫忙，但他們都幫不上忙，因為這輛大巴當時由該位駕駛者一手拼裝完成，操控系統複雜，儀錶板上充滿了各式各樣的開關及按鈕，除了駕駛者本人，誰也不知道這些開關及按鈕的奧祕，各種把手中不知哪個是換檔把，哪個是前進後退把，駕駛座下的踏板十幾個，有些是油門，有些是煞車，但外人眼花撩亂無從判別。

超級大巴上的工作人員不少，面對著數百名焦躁不安的乘客，他們有些送茶倒水，有些忙著拉上窗簾，而窗簾的內側都繪著陽光明媚的海灘或雲霧繚繞的寧靜山水。還有一些胸前掛著「管理」牌子的人員，逐一向乘客收取車資，遇上偶發牢騷的乘客，他們就喚來茶水員添茶水，但若遇上拒付車資或堅持退票的搗亂份子，他們也很果決，直接低聲喝止或乾脆捂其嘴，以免打擾其他乘客之情緒。

超級大巴的駕駛者，精幹而專注，臉上刻著風霜，他經過老輩駕駛員的教誨，知道一個動作都錯不得，全車乘客是否能安全抵達下一站，全在自己雙手雙腳的靈活運用上。發車之前，他就在車廂內掛起標語：風雨同車，共體時艱；旅途走到一半，他覺察到乘客的焦慮和怨氣，於是在車廂跑馬燈上打出事前老早準備好的提醒：敬告乘客，大海航行靠舵手，風雨行車靠駕駛；本超級巴士之複雜度，非任何乘客所能理解，信任駕駛是貴乘客的唯一出路。

經過間歇的喧騰後，超級大巴內的乘客逐漸的開始理解到自己的處境，此時此刻確實沒有駕駛可換，路走到一半，自己的命運確實和駕駛綁在一起。既然如此，不如收起怨言，做一些對自己有利或有意義的事。

有些，開始賣餅乾；有些，和工作人員勾結，茶水開始收錢；有些，向工作人員租用「管理」胸牌，擋住廁所門口，付費才開門；有些，設下牌局；有些，開始偷拆車廂內的小設施，塞進自己的行李，而工作人員也睜一隻眼閉一隻眼，因為他們也都忙於自己的勾當。整輛超級大巴，此時變成原始人性的動物園，性格孱弱的乘客則畏縮蜷曲在椅角，偶有正義乘客發出怒吼，也因最終無趣而消音。

超級大巴駕駛員，由後視鏡中矇矓的看到這一幕一幕，只能嘆口氣，雙手雙腳更快速的操弄著開關、按鈕、把手、踏板，因為他知道，身後的那場混亂，其實替他買了時間，何況，工作人員中也有他自己的親戚。總之，大巴不翻車，才是他的終極責任。

這是一趟奇異又艱苦的旅程。風雨稍緩，雲層中透出第一絲陽光，大巴在油料將盡的一刻，來到一座加油站。數百名乘客疲憊惺忪的步出巴士，但他們已經不是原來的他們，他們不再單純。其中強者打量周遭，看看有什麼補充物資，可以讓他在下一段路程中更強；其中弱者看著強者身上穿著自己輸掉的外套，憂慮著將如何度過下一段旅程；其中機靈者，則乘機向陌生路人兜售口袋中藏著的各種偷拆下來的零件。

超級巴士經過這番折騰，車體機械及電路已經達到臨界點，絕非單單補充油料就能應付下一段征途。駕駛員此時呼喚工作人員集合進行大修，然而所有工作人員心已野去，各自打算著下一段路途的勾當。駕駛員嘗試號召乘客幫忙，然眾乘客早已相信自己未能碰觸那複雜的機構，何況他們早已無心。

就在駕駛員茫然苦思下一步對策之時，乘客中一名五歲孩童走來，輕觸駕駛員的衣角，怯生生地問出一句話：叔叔，你能教我開車嗎？

駕駛員苦笑。然後他仰天長嘯，超級大巴該再度出發了！

二〇一二年一月十日

第一部

從台北看北京

權力「堵車」看政治

權本主義看經濟

權力控制看社會

第一章

權力「堵車」看政治

第一節 中國的政治病灶

問題的癥結：權力堵車

從表面的症狀來看，中國現在已經是百病叢生：貧富差距、城鄉二元化、三農問題、幹部腐敗、違法強徵土地、農地流轉問題、中央財政過度依賴土地稅費、片面追求政績和形象工程、國有企業過於膨脹、民營企業萎縮、農民工無法提升、大學生就業難、教育醫療資源匱乏、社會上流行拜金主義、特權階層橫行問題、整個社會賄賂成習；若予細列，恐怕一千條都列不完。

而中央政府基本上已經陷入了頭痛醫頭、腳痛醫腳，八個茶壺五個蓋、捉襟見肘的困境。癥結何在？撇開政治不談，就經濟論經濟，這一攬子問題的根源還是巨大的人口壓力；經濟不管如何成長與分配，都趕不上十三億人對提升生活品質的渴望。然而，中國人口只有在二〇二五年觸頂十五億之後才會緩慢下降這件事實，任何人、任何政黨都改變不了，因此我們只能在人口問題之外另找癥結。

人口問題之外，上述所有病症都有一個統一的病灶，那就是權力的分配機制。這個病灶不醫，中國未來一百年將繼續處於被詛咒的狀態，即使人口數量開始下降也改變不了百病纏身的命運。

當古典經濟學家論證經濟三要素為人、財、物時，歐洲的政治狀態已經讓他們假設「權力」這個資源會得到制衡；馬克斯資本論的隱藏命題就是，在權力還沒有被馴服之前，資本的集中只會帶來邪惡。

而中國恰恰就是在權力還未被馴服前，就進入了資本主義。公平地講，過去三十年來，專政的中國共產黨也曾一再在黨內馴服權力，但是，「專政」這個死前提使得它收效不彰，不說進兩步退三步，至少也是進三步退兩步的情況。首先，既然是專政，圈外人就只能扮演被動的諮詢角色，而無法發揮制衡的主動角色。其次，當權力當家時，上有所好，下必從焉。現況不僅是權力圈內如此，整個中國社會都染上了「靠權力說話」的氣息，無論是生老病死，還是教育、求職、謀生，生活中沒有一項要務不沾染著權力元素。

權力，其實是最重要的社會資源。如果配置不當，所產生的禍害遠比經濟學中的「人、財、物」配置不當來得嚴重。當權力「堵車」的時候，所有其它的經濟要素必然也堵車。若以交通網來比喻權力的流通，今天的中國就像小道密佈，支幹線不足，主幹道受控制的一個國家。大部分駕駛者被迫在小道內轉悠，為了進支幹道、主幹道，只能付出「買路費」，為了積攢買路費，只得尋租或腐敗。

在這種格局下，動力的邏輯必然是「權進民退」，大型製造型企業可以出現，金融、房地產可以肥大，但是發展不了大型的服務業，也產生不了任何真正的創新，日常生活中的壓迫感與日俱增，發洩式的社會行為日益頻繁。

有人說，中國起步晚、貧窮，因此只能集中資源辦大事；奧運、亞運、世博，三峽、高鐵，還有大城市中的高樓華廈，不都是成績？但是，當權力堵車成為整個國家的普遍現象時，每個地方都集中資源辦大事，資源那裡來？不透過腐敗和剝削可能嗎？中國各地的政績和形象工程，如美國白宮一樣的縣政府大樓，偏遠地區數萬戶的鬼城，地方財政所支持的強遷強拆，剋扣善款及農民補助的地方官員，有哪個不是假借集中資源之名？

以專政為前提的共產黨，若不解決權力堵車的病灶，恐怕就會如胡錦濤和溫家寶過去一年裡所公開警告的那樣：「改革開放的成果得而復失」、「失去執政地位」、「政息人亡」。然而在專政之下，存在著疏導權力堵車的藍海嗎？請容我另文論之。

二〇一〇年九月二十七日

中共專政的出路何在？

共產黨一黨專政，已載入憲法，除非發生天翻地覆的變局，否則它是一個既成現實。脆弱的中國，經不起大折騰，因此在可預見的將來，一黨專政的形式依然會保留。

然而，隨著中國現代化的進程，一黨專政的正當性越來越受到質疑及挑戰。中國百姓中的絕大多數其實並不那麼在意「被專政」，因為數千年來皇朝專政已經習慣了。他們目前爆發的怨氣，主要來自因專政而導致的特權橫行以及權貴經濟。

不管是由一黨專政所直接造成，還是由某種歷史文化的特質所造成，今天的中國社會正走向一個人文精神喪失、公義被隨處踐踏的社會。這一點，執政已六十年的共產黨難辭其咎。因為中國已經邁入兩極化：少數擁有權力、獲得既得利益的小圈子，在上面統治、控制著絕大多數的圈外人。最關鍵的，還不是現存資源的分配差距，而是未來機會的分配不均。平民小百姓眼見「權一代、權二代、權三代」、「富一代、富二代、富三代」的權貴延伸，自己的未來只能是「貧一代、貧二代、貧三代」，或「庸一代、庸二代、庸三代」的噩夢。

這種結構性問題，會不會隨著中國經濟總量的提升，以及八〇後、九〇後世代的權力接棒，而在二十年內自我糾正？這裡有兩個問題。其一，系統是有慣性的，經濟總量的提升可能只會加劇失衡。其二，在目前的結構所迸發出來的壓力下，中國還有穩定發展的下一個二十年嗎？結論顯然是不樂觀的。

共產黨員人數為七千六百萬，佔中國人口（包含未成年）的百分之五點八五，即使加入了七千兩百萬共青團員，加入未入黨但是吃皇糧的人數，例如公務員、事業單位人員、解放軍、國營事業員工，總人數也不過全部中國人口的百分之十五。換句話說，今天中國的權力、利益核心圈，與圈外人的比例是百分之十五對八十五的局面，這還是在基數上計入兒童老人的計算法。

讓我們假設，共產黨在未來十年採取了擴大「黨基」的策略，而同時今天的八〇後、九〇後中有相當人數選擇加入了這個「圈子」。即便如此，中國的「圈內」和「圈外」的比例也就是一個二八開的局面。

二八開結構，若在六百萬人口的新加坡，是百分之二十的一百二十萬菁英長期位於四百八十萬小民之上，可以想像。若在台灣，是四百六十萬菁英位於一千八百四十萬小民之上，也可以想像，甚至在日本，是四千萬菁英位於一點六億小民之上，也可以勉強想像。但是，在中國，二點六億菁英位於十億多小民之上？不敢想像，因為基數太大，大到了超乎人類歷史的所有經驗。如果中國歷史教導了我們什麼，那就是二八開的統治結構，在中國就意味著革命暗潮；誠如胡錦濤主席所說，中國經不起折騰。

中共專政的合理性基礎，前一階段以文化大革命告終，而胡耀邦起頭、鄧小平支持的經濟改革開放，則為下一階段的執政合理性鋪墊了基礎。但是，單單在經濟上改革開放能否作為唯一的執政合理性基礎，三十多年來一直處於辯論、質疑的狀態。江澤民接棒後，提出「三個代表」入憲，並表述了共產黨「與時俱進」的態度，在經濟總量急劇升高的好光景下，算是穩住了專政的基礎。胡錦濤主席接棒後，由於社會分配兩極化的病症顯現，面臨百姓對於政治體制改革的巨大壓力，他因此提出了「和諧社會」、「科學發展觀」，作為繼續專政的理論基礎。曾有一度，中共放出「今天的中國局面沒有共產黨不行」的新貓論，不管大家對現狀有多麼不滿意，能夠抓到老鼠的還是我家的貓。二〇〇八年前後，貧富不均、特權橫行的現象已經紙包不住火，加上網路輿論壓力，溫家寶總理於自然天災之際，高分貝地提出「民胞物與」、「權授之於民」的傳統儒家理念，一時之間孔子取代了馬克斯及亞當斯密；二〇〇八年可謂是「儒共元年」。時至今日，在全球經濟長期不景氣的壓力下，中國經濟越來越捉襟見肘，於是多年來不斷醞釀的「只有政治體制改革才能救中國」的思潮開始發酵，繼之才有整個中國打擊腐敗的舉動，以及溫總理的深圳之行倡議政治改革，而胡總書記隨後附議。

從專政理論不斷地推陳出新，可以看出中國高層心裡非常明白，建國後六十餘年的一黨專政是否能繼續，最終關鍵還是在「代表性」上。雖然中國沒有一人一票的全民選舉制度，但是票還是存在老百姓心中的，亦即中國人幾千年來所說的人心向背、水可載舟、亦可覆舟。

然而如上所說，菁英主義在中國無法解決代表性的問題，因為中國一般百姓的數量基數太大了。如果瞬間實施一人一票，在當前的戶籍制度下，中國的（實質及戶口名義的）十億農民將成為全世界最樂於賣票的一群人，賄選率可能達到百分之九十以上。休克式療法，不論是當年蘇聯式的還是歐美式的，在中國不適用且會帶來災難，這一點我同意鄧小平的看法。

那麼，怎麼辦呢？最現實的策略是「山洞兩頭挖」：政治代表性由上而下做體制改革，社會非政治性力量由下而上加以釋放，兩者同時進行。

中共的一黨專政，已經擺脫了一人專政而進入了集體專政，這是進步。接下來，必須從集體專政進化到「代表專政」。其具體結構可以再思索，但必要條件之一是黨內必須民主，做到「同黨同權」，甚至採用無記名一員一票的黨內直選民主。唯有如此，才能對當前施政、公安、檢察、法院一手抓的專政體制，產生某種初級階段的權力制衡。

但是，單單這項改革還不足以支撐「專政」的合理性或合法性，還必須同時配以社會上各種非政治性社團的全面開放，讓社會的非政治性力量透過非政治性手段來監督社會，尋求正義。例如，大幅放開非政府公益組織以及社區業主委員會（編註：即住宅的管理委員會）在成立上的限制。

這套「兩頭挖」的辦法，乍聽起來好像也會威脅到專政本身。但是，在菁英圈子不可行、全民民主行不通的條件制約下，這個辦法是對專政威脅最小的一個。即使這樣做，中國也至少還需要十年時間來自我調整，以待下一步。若不這樣做，不斷變化的形勢可能會逼迫進行休克療法，那就是所謂的大折騰了。這樣看來，還有其它更好的辦法嗎？

二〇一〇年九月二十七日

鄧小平的懸念：一部分人富起來後怎麼辦？

中國共產黨過去三十年的路線難以為繼而必須政改，壓力來源不在黨員，也不在城市居民，而是人口佔絕大多數的農民百姓。當年鄧小平極富智慧的說了前半段話，「讓一部分人先富起來」，後半段的「一部分人富起來之後怎麼辦」留給了後代領導人來解決。

「一部分人先富起來」的策略能夠成功，本質上是基於兩股動力：有辦法的百分之十人口看到了主動獲取利益的出路；沒辦法的百分之九十人口看到了被動沾光的希望。見到出路者領頭突破，見到希望者服從追隨，局面就形成了。然而，今天這局就要破了，因為那百分之十先富起來的人群已經形成了既得利益的壁壘，那百分之九十的人看不到長期希望了。

所謂的政改，如果到頭來僅僅是令那百分之十的人看到了更寬廣的出路、令他們不得不接受中央政府所制訂的更慈悲大方的經濟分配方式，那麼政改的效果也就只能持續個三五年，而且可能令百分之九十的人由失望進一步走向絕望。

一個真實而長效的政改必須秉持兩個不可打折扣的前提：其一，必須讓那百分之九十的人再度看到長期希望；其二，這希望不能來自政府的補貼，而必須基於自身可掌握的權利。政改者必須認清一個現實：經過了三十年，佔據百分之九十人口的農民以及農民工，已經不再願意將自己以及下一代的幸福交給那百分之十的人支配了；莫說中央政府的政策搖擺不定，即使在中央強力補貼下，地方政府的層層盤剝也會讓他們感到無望。

這百分之九十的農民及農民工，其實還沒有發展到堅持自己政治權利的階段；如果他們表現出某種類似的訴求，本質上不過是他們感覺到政治阻擋了他們的經濟權利。今天積極爭取政治權利的，反而是那些已經屬於既得利益圈子的人；他們需要更多的政治權利來鞏固自己、謀求進一步發展。下一步政改存在著一個巨大而真實的風險，那就是百分之十的人根據各自的理念、利益，形成一種「求同存異」的經改方向；總體權力在百分之十的人之間分配的更均衡了，經濟總量上去了，但百分之九十的人依然不能自主改善自己的幸福。

如何才能使百分之九十的人看到長期希望？前文說過，中央政府的善意補貼支持政策，力度再大也達不到實際效果。提高農民及農民工的收入？那也不過是維持現狀罷了。從經濟學的觀點看，任何傳統的稅收、金融、財政、工業、社會福利政策，都無法扭轉今天中國十三億人口的九一比例這個局面。

結論似乎只有一個，那就是釋放農民的土地所有權。唯有土地所有權，才有足夠的能量回答「鄧小平的懸念」：一部分人富起來後怎麼辦？

其實那百分之十的人並非不知道這個結論，他們自己就是所有權釋放的得利者。私營企業的所有權、國營企業股票的所有權、城市房地產的所有權，還有種種因為身分帶來的所有權保障，都是他們今天足以奢談政改的基礎。除了極少數人，他們大部分都迴避農民土地所有權問題。迴避的原因有兩種，一種是他們把農民的土地看成自己下一步「大出路」的資源，把民智難開的農民工看成是「人口紅利」；另一種就是根本上不信任農民能夠像城市人一樣的處理好自己的土地所有權。

近來有學者討論如何間接的使農民得到土地經濟利益的辦法；例如，將土地利益作為轉化農民搬遷為城市居民的成本費用。這種思路當前走紅，但是它存在一個致命的錯誤，那就是土地的全部利益還是交給政府分配，而政府分配這件事正是造成當前困境的原因。用現有的政治體制力量促使農民變成城市居民，後果只會是肥了那百分之十的人，以及大量的農民流離失所。

釋放土地所有權直接給農民，其實有許多法律及金融上的辦法；不往直接釋放的方向去思考，其實是因為路途中的攔路虎太多。坦率地講，這些攔路虎就是各級官員，尤其是今天足以對農民土地上下其手的村委書記一級。

政改，如果缺少了改革農民土地所有權的要素，如果改變不了地方基層官員的行為，恐怕將淪為百分之十的人的圈子政改。那將來可能要出大事！

二〇一〇年十月一日

第二節　中國的權力密碼

從看病吃藥看權本主義

生活在中國的人，最怕看病吃藥，患者必須面對藥品價格超高現象。各位可能不知道，中國國內醫院的藥價，高出藥廠出廠價格的三倍到六十倍不等，其中絕大多數超過十倍，這導致了中國百姓看病的成本，位居亞洲各國前茅。事實上這也是一種對病患的剝削。然而，這種情況，卻是在中國發改委（中國發展與改革委員會的簡稱，負責中央的宏觀經濟調控）明文限制每種藥品的最高價格、中國的藥監局嚴格督察藥廠投標流程的眼皮底下發生的。

為什麼藥廠賣六毛錢的藥，醫院的最低中標價高達十六元，醫院以十八元賣給病人，而藥廠的真實收入還是六毛錢？因為醫院要「正常」回扣。醫生每開出一粒藥就得到百分之六十的回扣；而醫院及醫生的回扣，如何在上下游系統內分配，可能就因地制宜，「具體問題具體解決」了。這也是中國各地藥監局的主管入獄率非常之高的原因。

有人問道：發改委乃直屬中央的最高權力單位，它為什麼不把六毛錢的藥，最高競標價定在二元錢，那不就解決問題了？內行人曰：發改委哪敢撬動藥廠、醫院、醫生之間如此龐大的利益鏈條，它頂多就是採集一下國內各家醫院的價格，然後平均一下給個數字罷了。

顯然，這種現象已經是脫離道德層次的問題；如果是道德問題，媒體的曝光及撻伐應該會對其有所遏制，但在中國，媒體公開揭露了一百次也沒用。這甚至也不是法律層次的事情；如果是法律問題，病患向法院提訴，應該也會發揮警示作用，但在今天中國三百六十萬平方公里的土地內，沒有一家人民法院膽敢接受這樣的提訴。

那麼，它是不是一個經濟問題呢？現代經濟學家好講利益動機，認為絕大多數的社會行為，都可以找出內在的利益動機，而經濟政策的要旨，就是要改變人們的內在利益動機。要向經濟學家說聲抱歉，這也不是個現代經濟問題。現代經濟的所有分析，大至市場、物價、利率、通貨膨脹，小至社會犯罪率、行賄率，都基於一個假設的前提：人是有個人意志的，人可以自己做決定。但是當這個前提不存在的時候，任何現代經濟學的解釋大都是瞎掰，至少也是雞同鴨講。

如果要對中國藥價超高這現象做出經濟學的解釋，那就必須先假設藥廠老闆、業務員、醫生、院長、病人，甚至藥監局官員、發改委官員，都是可以獨立做出決定的個體。但事實上，如果經濟學家一一私下採訪這些對象，他們每一個人都會告訴你說，他們不能做決定，他們只是隨波逐流，甚至連行賄、受賄都不是完全自願的。因為，一個不行賄的業務員將找不到工作，一個不拿回扣的醫生將無法在醫院立足，一個拒絕回扣的院長馬上就會丟位，一個不收禮的官員恐怕連科長都當不久。

沒有個人，只有體制，沒有真我，只有這場戲內的角色，只有一艘在汪洋大海中沉浮的大船上的船員集體！而在脫離體制角色的社會圈子中，他們每一個人都可能是講道德的好鄰居、好父母、好朋友；在日常生活中，他們也都可能是遵守交通規則、見義勇為的好公民。不是道德、不是法律、不是經濟，那麼它是什麼呢？

在大街上隨便找一個路人，或者隨便問一個計程車司機，他們思考一下就會告訴你，那是一個政治層面的問題。他們憎恨看病貴、看病難，但是他們都理解。因為理解別人，他們都在各自的職位或角色上加以補償，扮演教育角色的收「擇校費」、收紅包，扮演交通角色的收過路費，扮演食品安全角色的收遮蓋費。而別人也會理解。

今天的中國有一句深刻的名言：壞人做壞事不可怕，好人不得不做壞事才可怕。以權為本的體制不改革，道德、法律、經濟都不管用。權力萬歲！

二〇一一年十一月二十日

中共為何要壟斷慈善？

一般來說，都是我們到博物館裡對古人品頭論足，然而從來沒想過古人也可能對我們品頭論足。若令秦朝以降歷代幾十位皇帝同聚一堂，讓他們來考察學習今天中國的社會、政治管理技巧，不同朝代的皇帝肯定根據各自的時代經驗，生出許多觀點互異的讚嘆和批評。然而唯一可能令他們異口同聲、嘖嘖稱奇的現象則是：民間慈善竟然由中央統一控制。這個太奇怪了，歷代的皇帝可能全都搔首撓頭，想不通其中奧妙。

中國歷朝歷代都是大中央、小地方，大政府、小民間，但在民間慈善這一塊，歷代都是鼓勵有加，放手為之，以補中央之力所不逮。為什麼到了二十一世紀，吃飯的人口到了十三億時，中國的土地竟然出現了如許一個政府，包山包海，還要包慈善，防民間自主的慈善如防災？

自古以來，即便是在法家當紅的時代，政府對尋常百姓的善心，都是特別珍惜的。莫說儒士朝廷「以仁為本」的道德教誨，即便權術法家也都懂得：百姓自發的善心有助於社會穩定，甚至有助於朝廷統治。為何今日不然？

這裡可以為歷代皇帝上一課。組織力量！聽到了嗎？組織力量！換了你今天來當政，恐怕你也一樣防善如防賊。

組織是一把雙刃劍。即可刺傷別人，也可能刺到自己。組織如水，可以載舟，也可覆舟。以組織得天下者，防民間組織如防川。組織力量之要義，統一的單純信念是也！信念越單純，組織越容易形成；信念越統一，組織的力量越強。善心之物，單純之極，信念極容易統一，假如它落入民間之手，殊為不智！《資治通鑒》中，作者司馬光老先生因為缺了現代經驗，漏掉了這一條。

共產黨以組織起家，得政六十餘年，無時無刻不在防止民間組織。首先，極其嚴密的行政單位控制至村落，而在都市內則以「街道」為格。經濟鬆綁之後，民間人員的流動已經無法完全追蹤，尤其在網路時代，原有的固態管控好像是蜘蛛網，但現在的流動社會則好像是長了翅膀的電子蝴蝶。然而，漫天飛舞的蝴蝶，只要不組織成群，終究只是一片花俏。怕的，只是蝴蝶聚成組織，物種突變長出了牙齒，那就再也不是觀賞蝶了。

切，還是得從源頭著手。行為控制不了，我來控制思想；思想控制不了，我來控制更基本的人性。基本人性無非向善之心、向惡之心、好權之心、好利之心、好色之心。這幾種心，都夠單純，都足以形成組織，因此需要不同的對應之道。向惡心、好色心，形成的組織乃江湖幫派，打擊之。好利心，形成的組織乃企業，收納管理之；其最純粹之組織形式乃直銷團體，不容之。向善心，其組織形式乃民間慈善機構、NGO，嚴控之。

最終剩下的，凡人皆有之好權之心，集中之！權出自上，獨此一家，別無分號，要權者只有上我家。作為潤滑劑，權之內再加上三分利，凡有志向者，從此入甕矣。如此，天下無憂，執政者如是觀。若以中國思想史的傳承而言，此乃法家將儒家心性之學「內衣外穿」之至臻境界，確實超越了古人。

然而連慈善都壟斷，中國社會則為此付出了沉重代價。它使得全體中國人的善心，從此以後就被局限在自己人小圈子內，不要說對陌生人的善心被壓抑，就連對流浪貓流浪狗的憐惜心都釋放得戰戰兢兢。當一個社會的民間捐賑都必須透過官定的機構進行，當礦災生還者重見天日後的第一句話必須是感謝國家、感謝黨，當大學生自發進入災區被阻擋在外，當殘障青年自組協會遭遇重重困難，這時官方發出的資訊清楚而大聲：照顧百姓是我黨的事，以人為本是我黨的專利，對陌生人的善心必須透過我黨來統籌進行。

沒有黨的指導，對陌生人的善心都動機可疑！這是多麼恐怖的一個現象！整個中國，乃至中華文明，將要為此付出多大的代價？中國數千年來的民間互助傳統，辦善堂、民間興學、捐善款，竟然沒有機會在二十一世紀與時俱進；本屬人性基本的善心被政治盆栽化，在中國的土地上鬱鬱蔥蔥地蓬勃成長，竟然成為不可能。

權力的集中，或還可用一百種理由來開脫。但是，善心的壟斷，絕無可恕！

二〇一一年十一月六日

一座背負沉重權力包袱的城市

北京是個由各種權力元素交織而成的都市，幾百年來一向如此，而今日尤甚。舉凡市容、交通、餐飲、藝術，生活中的點點滴滴，只要細心觀察，便發現權力元素無所不在。權力，就是北京城的核心驅動力；權力造就了北京城，但若有一天這城市的發展窒礙停滯，那也是因為權力；成也權力、敗也權力，這就是北京的宿命。麻煩的是，中國的二三級城市，尤其是中原及北方的城市，紛紛在向北京學習；值此中國的城市化進程如火如荼地進行時，北京若不能進行示範性糾正，中國終將被「權力都市」佔領，以權為本將成為中國城市的普遍風貌。

抽象的道理說過了，讓我們來看一看實際生活中的細節。

初到北京的外國人，眼看一棟一棟大廈及豪華酒店，不禁讚嘆北京發展快速，然而他們通常看不到這些華廈的地下停車場。以中國大飯店為例，它算是北京最尊榮的酒店了，但其地下停車場非常幽暗，通往一層豪華大廳的電梯間牆面破敗斑駁，以至於人們感覺不到這竟然是北京一級酒店的設施。何以如此？道理很簡單，因為住在裡面的人非權即貴，都有司機，地下停車場是給「司機班子」用的，不需照顧這些「下人」的感受。

紫禁城內通往太和殿的階梯分佈兩側，中間是神聖不得踏步的漢白玉斜坡，蟠龍雕刻。這道理也很簡單；皇帝是在轎子上被人抬進大殿的，兩側的階梯是給轎夫走的，龍輿則在尊貴的漢白玉斜坡上空凌駕而過。

北京內城的長安街，二環，甚至三環，環繞的是權力核心的中南海，大道兩旁的炫目華廈，大都是官權所屬，沒幾家民營企業有這財力或膽力在此範圍內揚威。到了遠離權力核心的四環，民營企業總部開始出現了。

北京的路面交通已經癱瘓，市民上下班花在路上的時間，全球第一；交通部長曾經於尖峰時間半路棄官車改搭地鐵回家。表面上這是車輛增加太快，實質上卻是權力元素作祟。中秋、春節前，北京官廈密集的區域，五公里路得車行兩小時。主要原因是北京市甚至中國各省市的下級官員或下屬單位，必須配合節令來到中央給長官或大權在握的辦事人員送禮。

全世界解決都市中心壅堵的良方是建衛星城市，一個設計妥當的衛星城市，應該是一個居住、辦公、商業平衡的自我循環系統。到了北京，衛星城市則變成一種被權力生硬切割的居住生態。因為在設計開發時，一個功能完整的衛星城，牽涉了太多權力部門的審批，不利於權貴操盤手「速戰速決」，地產商也不喜歡複雜的功能建設。因此，北京的通天苑、回龍觀等「衛星城」最終變成了十幾萬人生活的純居民區，沒有企業進駐，大部分居民每天必須奔波三小時上下班。

北京最高級的餐飲酒樓，也依賴公款或官商消費。拿掉這一塊，恐怕得有一半以上的高檔餐廳關門。權力消費，佔據北京「內需」恐怕不止一半以上。普通人吃一席若是一萬元，很多時候請官員吃同樣一席就得三萬元，多出的兩萬元，餐館會有專人送達被請的官員手中。

藝術品拍賣在北京已經是「洗錢」或「洗禮」的重要途徑，行內人皆知。某些知名的藝術家、書法家，大筆一揮，收個兩萬元，拍賣時自然有某個企業家以三十萬元拍下，事後送給某相關人士，拍賣方自有回收的辦法。錢轉移了，拍賣方的「能量」樹立了，藝術家的價牌也確立了，這是個「多贏」的局面。赫赫有名的藝術區「七九八」，如今早已不是十年前充滿原創動力的原生藝術區。政府權力介入後，所有叛逆性、突破性的藝術家群聚被打散，只剩下搞怪新潮作品以及一些西方公益性質的展館。

當食衣住行育樂都被權力元素介入，當以人為本被置於以權為本的罎子中，城市的自發性創新幼苗就永遠無法長大。北京，你還能承受多少權力的包袱？

二〇一〇年十月二十六日

權力害死一頭豬？

當權力集中到一定地步後，連豬都逃不掉。何以這樣說？我們來看中國大陸的「瘦肉精」風暴。佔中國國內豬肉製品近百分之五十市場的双匯公司，爆出產品內含有對人體有害的「瘦肉精」，五百多億人民幣的股票市值跌掉一百億。人們猜測，這會不會是另一場類似三聚氰胺毒奶粉事件。

打拚了幾十年，七十一歲的双匯老董事長認命地對媒體說，百分之三到十的行業抽檢率，根本就擋不住上游養殖戶的行為，要杜絕瘦肉精，只能每一個環節都全面檢查，從養殖到屠宰到製肉。然而專家說，中國每年生豬出欄六億頭，全檢的成本是一點二兆人民幣，再加上政府嚴控豬肉價格，整個行業就玩不下去了。

聽起來像是經濟發展過程中的無奈，好像是經濟因素在作祟：小民逐利，濫用瘦肉精，豬肉是民生必需品，政府物價管制。但，真的是這樣嗎？

如果瘦肉精事件，或二〇〇八年的毒奶事件，是個經濟學能夠解釋的問題，那就好辦了。它是法律事件嗎？中國在二〇〇二年就已立法禁止瘦肉精，一群無知法盲加上不良商人集體違法？如果是這樣，那也很好辦，依法加重處理就好了。

說到這，又得提提「中國密碼」了：在大事上，中國沒有經濟問題，沒有法律問題，只有政治問題。而中國的政治核心問題只有一個：權力集中的問題。這個問題，學者專家美其名為「體制問題」；所謂「體制改革」，剝去了修辭學之後，就是「打破權力集中」。

權力集中，與豬肉出現瘦肉精有何關係？

中國有媒體質疑，肉製品從養殖、屠宰到製成，總共有十八道檢驗關口，每個關口都抽檢百分之三到十，而老百姓被瘦肉精瞞了十年，這在統計學上就說不通。農業部在双匯事件爆發後，隨即宣佈已經對双匯所在的河南省三十一萬頭豬進行檢驗，結果陽性只有一百三十四頭，僅佔百分之零點零四。無法接受這個官方結論的記者，隨著執法人員再度抽查，親眼看著試紙檢查，果然，陽性比例非常低。這記者不是省油的燈，當場掏出自己帶來的試紙要求重驗，結果不用說，陽性居多。原來，瘦肉精有好多種，官方測試的是行業不用的那一種。記者隨即要求同行的執法人員簽字證明，轉身一看，執法人員已經悄然開溜了。

新華社早年曾質問，「八個部門為何管不好一頭豬」，揭露檢疫部門在養殖、屠宰環節每頭豬收十五元就「目測過關」，到了肉攤上，工商部門也按照每攤四元的「目測費」蓋章。

「中國密碼」告訴我們，只要有管制權力，管制關口就會腐敗；有幾道管制，就會有幾道腐敗。管制就是生財，沒有管制的地方無財，因此就要創造管制。

集權靠什麼？集權靠管制。中國這麼大，哪裡去找這麼多人願意執行管制？這倒是經濟原理了，管制可以生財，所以許多人願意加入管制行列。集權促成管制，管制帶來財富，因此財富支持集權。那些主張「財富會促進民主」的學者們，聽明白了嗎？

如同城市交通堵塞、環境污染、看病上學得走後門塞紅包等等現象一樣，食品安全在中國是個政治問題，不是社會問題，不是經濟問題，不是科學問題，不是老百姓素質的問題。所有的社會怪相，都源自權力集中。看不明白這個密碼，就看不懂中國。權力集中帶來的大小腐敗，已經深入權力系統的每一根神經、每一條血管，難怪知識界盛傳一句笑話：治腐敗就亡黨，不治腐敗就亡國。

二〇一一年四月二日

中國年輕人「權早熟」

中國最近兩年出現了一個新興小產業：代客刪帖，也就是為您在整個中國網路上打掃您個人或公司的形象衛生。小事件，只要付出幾千人民幣，服務方就可以在幾天到一週時間內把網路上不利於您的言論刪除掉；大事件就得「價格面議」了，從數萬元到數十萬元不等。

說來奇怪，網路上網站千千萬萬，如何刪得淨？如不是發帖人本身，又如何刪除？除非提供服務的莊家已經和成千上萬的網站編輯、版主形成生命共同體了。這個新興行業的成功，證實了一個眾人已知的祕密：中國的網路世界是被一個嚴密的「網中網」監控的，否則刪帖行業的效率不可能如此高；而收費刪帖者就是監控者本身。

權力帶來腐敗，這是老生常談。但痛心的是，權力腐敗已經深深滲透到八〇後的年輕人身上。今天網路上成千上萬有權刪帖的大小版主、編輯都是年輕人，而他們對「收費刪帖」這件事早已經無感！這不就是商業廣告的「反向操作」嗎？有什麼大不了的？

如果老一代的權力腐敗還可容忍，那是因為他們都快死了，死人是無法腐敗的。但是老一代的腐敗會遺傳到下一代，這就使老一代的腐敗變成無法容忍之事。所謂「上有所好，下必從焉」；中國的新世代年輕人眼見周遭老一代的權力腐敗、權力尋租盛行，在社會上混了三五年經驗下來，也就「既然喚不動山，我就向山走去」。年輕人沒有大權力，只有職務上的小權力，那也可以因地制宜，小小的腐敗、尋租一番。

近代世界年輕人歷經多次解放：性解放、反權威解放、感官解放、身體解放。我們都知道這些解放對人類未來的巨大衝擊力，因為昨天的年輕人就是今天的成年人，今天的年輕人就是明天的成年人。當解放風潮席捲一代年輕人時，我們就知道二十年後社會將怎樣。

今天全世界的年輕人，大概只有中國年輕人在經歷一場「權力腐敗尋租」的大解放；「只要我有權，有什麼不可以」、「有權不用非好漢」、「有權不用是傻蛋」。當「性早熟」成為全世界年輕人普遍現象之時，中國年輕人的獨有特色是「權早熟」：一種對利用權力的冷漠感，一種認為「權力一夜情」無所謂的價值觀。

今天充斥著中國社會的腐敗現象，大家都怪上位者，怪共產黨。但仔細想一想，其實在腐敗現象中，新一代與老一代已經你中有我、我中有你了。試問，普遍被販賣的手機、銀行消費者的機密資訊，沒有那幾個掌管電腦伺服器的小年輕人收費配合，可能洩漏嗎？地方官員默許的黑心食品藥品這個腐敗利益鏈條中，有多少年輕人？強徵強拆、毆打居民的打手，難道不是年輕人？

今天是網站論壇小版主的年輕人，明天就是網站編輯，後天就是掌管內容的總編輯。今天製造販賣黑心食品的年輕人，明天就可能是大型企業的負責人。今天毆打居民的拆遷隊員，明天可能就是公安警察隊長。每當看到那些剛剛就業的年輕人開始拙劣地利用職務「小小尋租」時，我心中都會默默地說「祝福你」；每當看到就業三年後已經像個「尋租老手」的年輕人時，我的心都會痛一下，「又去了一個」。

也許，當事態真正邁入「人人尋租」時，權力就會達到一種詭異的平衡，社會也就有「公義」了。但這畢竟只是一種抽象的系統思維，在真實世界裡，已經掌握權力尋租能力的人是會阻擋其他人的尋租機會的。換句話說，社會上會形成「尋租階級」和「被尋租階級」，也就是馬克斯所描述的那個世界。

我寧可看到中國年輕人性早熟，而不願意看到他們權早熟。

二〇一〇年九月二十八日

第三節 「中國公司」的集權和壟斷

中國是世界最大的壟斷公司

一家全球最大的公司擁有兩千萬名雇員，七千萬名小股東，十四億客戶，你會如何治理這家公司？你會如何與這家公司打交道？

你可以想像嗎？如果你還不能想像，最好現在就開始想像，因為，它就是你未來要面對的，它就是中國。

中國近三十年的政治體制變化，固然增加了很多西方元素，但它絕不在朝向西方民主制度發展。固然它具有許多傳統皇朝的特徵，但也增加了許多脫離了傳統皇朝的西方元素。看似矛盾，其實不然。中國正在向「治國企業化」的模式發展。

中共在各個方面的陳述都指向了一個大方向：中國共產黨將以治理一個東方式的壟斷性巨型公司，而不是西方直選民主的態度及機制來治理中國。

讓我們來看一個東方式壟斷性巨型公司的要素：

它有大量小股東。

理論上，股東決定董事會，董事會決定董事長和CEO，但事實上所有巨型公司的小股東都無法選擇董事會，而由董事長或CEO決定董事會人選。董事長或CEO的繼任人選，基本上由他們決定。

為了督察董事及高管職責，設立監事會。

小股東則享有分紅權；若缺少分紅機制，小股東會造反。

雖然具有壟斷地位，但還是得得到廣大客戶的支持，否則經營管理層會有遭替換的壓力。

為了保持公司的壟斷性，為了要得到廣大客戶的基本滿意度，公司內部必須存在競爭機制，例如內部多品牌相互競爭的機制。

既然是巨型，公司內部一定存在著腐敗以及資訊的壟斷，因此經營管理層必須保持一種與廣大客戶直接接觸的機制，甚至透過客戶回饋意見來選擇性的清理內部腐敗。

現在讓我們來看看今天的中國共產黨：

它有七千萬黨員（小股東），兩千萬吃皇糧公家飯的雇員（含事業單位）。黨員無法直接選舉常委（董事會）；總書記（董事長）則對常委人選及繼任者至少具有否決力。

設置紀委，行督察責。

地方官員，只要不直接衝撞中央政策，未曝光，不過分，其利己行為通常被容忍（分紅機制）。

老百姓的基本民生必須照顧好（爭取廣大客戶的支持）。

內部創造激烈競爭機制，官員淘汰制度，壟斷業務如電信、石油做品牌區隔（內部競爭）。

政治協商制度，社會各種行業、階層、媒體、網路，皆有積極參與評論、監督的餘地（與廣大客戶直接接觸的機制），善用輿論，選擇性地清理內部腐敗。

這個中國公司還在演化中。過程中最難辦的是第四點，也就是「分紅機制」。這個分紅機制，本質上是中國千年來的「中央-地方」、「朝廷-鄉紳」關係的現代版本。中國的學術界、知識界和輿論界，已經逐漸意識到一個真理：若要打破千年來的官本位和地方權本位這個死結，財富必須直接掌握在「客戶」（老百姓）手中，而不能透過所謂的行政體系來分配。最徹底的辦法就是農地上的「耕者有其田」，國有企業的「小民有其股」。這方面的呼聲，已經開始初現端倪。然而這最終牽涉到政體的變革，整體變革的權力掌握在CEO和董事長手中，如進行變革，等於是把股票白白分給廣大的客戶，考慮到現有股東的分紅權利，很難。

二〇〇九年四月二十七日

如何治理「中國公司」？

中國政體的公司化傾向，越來越明顯了。國際上與其用民主政體、社會主義政體的概念來分析、評價中國的政治，不如用一個「超巨型壟斷公司」的概念來理解中國的國內政治動向，會更貼切一些。其次，中國政府的許多國內政策，只有從一個超巨型壟斷公司的股權、經營權、管理權的框架來理解，才能看出其種種矛盾中的統一。

中國政治到底該如何發展？就這個問題，中國多年來和西方無數次交手。二〇〇九年三月，藉著西方金融危機，中國的人大委員長吳邦國指出，中共已經斬釘截鐵地向全世界宣佈，中國「絕不搞西方三權分立，政黨輪替執政那一套」。這有點打落水狗之意。同年六月，中共的宣傳機構又向國內推出一本名叫《六個為什麼》的小冊子，要求全黨全民學習。其中一個為什麼就是「為什麼不搞西方三權分立，政黨輪替執政那一套」。

好了，不搞西方民主政體，也不搞東方王朝政體，那麼搞什麼呢？官方的答案是搞「中國特色的社會主義民主」。它的本質是：堅持改革開放不動搖；堅持中國共產黨領導的多黨合作和政治協商制度；堅持人民代表大會制度而不能搞三權分立；堅持公有制為主體、多種所有制經濟共同發展的基本經濟制度而不能搞私有化或純而又純的公有制。

這個「中國特色的社會主義民主」的內涵，改寫為企業語言來說就是：

「本公司為廣大股民所共有，堅持產品開放路線，堅持董事會領導的多派股東合作和協商制度，堅持股東協商制度而不能搞股權分立，堅持公司資產共有制為主體、與子公司分公司共同發展，而不能搞私有脫離或純粹的共有制」。

這是一份大股東有效控制董事會之下的企業章程。但由於公司龐大，林子大了什麼鳥都有，因此股東中難免有不同派別，故某種協商機制是必須的。只要不挑戰董事會的決策權力，經營權力和管理權力是可以下放的，被指派的經營人和管理人可以分股利分紅，但不能妄想股份獨立化，更不能賣了股票自立門戶。

只要同意了這個章程，在組織內的發展空間是很大的，組織是願意培養你的。公司的人力資源部相當的客觀，對於喜歡權力的好幹部都可以安排掌權的位置，對於喜歡金錢的好幹部，也都可以安排相應的職位。對於又要權又要錢的幹部，組織是警惕的，因為他們會壞了公司的發展，因此董事會辦公室下必須設立紀律檢查部門，不斷來回檢查腐敗問題。

只要不直接牴觸董事會的政策，分公司的管理自主權是很大的，有好的經營想法，董事會甚至可以劃出一個特區，讓你行使子公司的功能。雖然董事會中不搞什麼三權分立，但對於底下的分公司、子公司搞（決策、行政、監督）三權分立還是樂見的，因為那可以降低組織內的權力腐化。

由於大股東有效控制董事會，因此董事的選舉只是形式上的。誰做董事是大股東之間關起門來爭執的事。但是，對於底下的眾多經營者、管理者，倒是可以建立同事推舉，甚至下屬選舉的機制，不失為一種擺平爭權奪利的好方法。

瞭解了以上的公司章程，就不難瞭解這個公司的種種施政行為。在培養人才上，公司將好幹部不間斷地輪替安排到各個部門、分公司、子公司訓練，只要能證明自己具有解決問題的能力、處理複雜人事利益關係的能力，以及不沾惹紀檢問題的能力，就能在公司的階梯扶搖而上。由於各地方的條件及需求不同，各個分公司、子公司享有相當的財務預算權，但總公司有權力否決某些重要項目，也有義務協助處理困難。有時，公司整體業務需要進行結構調整，總公司便會以命令式的宏觀調控下達。

西方世界慣於用政治體制理念來要求中國，其實有點驢頭不對馬嘴。還不如先用公司治理的理念來督促中國政治的進步，比如董事會決議的更加透明化、加強內控機制、分權和授權的更合理化等等。這樣會實際一些，也更有效一些。

二〇〇九年五月三十一日

中國公司面臨「鄧氏二律背反」

中國人對自己沒有信心；他們相信，只有中央集權才能維繫中國，一旦權力不集中了，中國就會四分五裂。中共認定這點，不但寫進黨綱，還把它運作進入憲法。老百姓勞記清末至文革的百年動盪，內心深處的恐懼使得他們有條件的接受中央集權：只要你給我日子越過越好，我就同意你集權。

鄧小平深明此理，他的推論極其簡單：如果再忽略老百姓的日子，老百姓就不會同意讓中共繼續集權，中共就得潰散，中國就會四分五裂，因此必須把經濟搞上去。然而，鄧小平也看到了其中的二律背反：為了把經濟搞上去，就不能搞中央計畫經濟，也就是必須放權，但放權就會威脅到中央集權，中共的執政地位就會動搖，中國就可能四分五裂。

對這個二律背反，鄧小平的解題方法是：先把經濟搞上去（發展經濟是硬道理），誰能搞上去就對誰放權（不管是黑貓還是白貓，抓到老鼠的就是好貓），放權後哪兒出問題就收拾哪兒（摸著石頭過河）。

儘管被世人視為中國改革開放的舵手，鄧小平始終相信，中國在可預見的未來還是需要集權。在這點上，他的學生胡耀邦及趙紫陽和他有了不同看法，胡、趙二人認為中國不一定需要集權，至少在共產黨內不需要集權。

隨後二十年的經濟發展，好像證明鄧小平是對的；老百姓的日子，與過去相比，確實是越來越好了。然而，這是與過去比；如果和未來比，景象就可能大不同了。中國經濟，在鄧小平應用了「鄧氏二律背反」中的第一律，摸著石頭過了第一條河，現在走到了第二條河前，面臨「鄧氏二律背反」中的背律。也就是說，二十年來放權效應的累積，已經威脅到中共的集權地位了，下一步該怎麼辦？

在第二條河面前，中共黨內同樣出現了不同意見。一派人認為，放權二十年後，地方上已經積累了足夠的經濟實力，應該開始收權了，否則中央執政難保；另一派人認為，應該大膽地繼續深化放權，這才是保持經濟成長之道，也是保全執政之道。眾所周知，後一派人士於二〇一〇年大聲疾呼放權，並一度使得海內外人士感覺勢不可擋，然而，當年底的中共十七屆五中全會之後，放權的意見被集體消音，黨內放權派人士不論地位高低，也都集體失語。

未來二十年，會不會證明收權派人士是對的？中國經濟繼續穩定成長，老百姓的日子一天過得比一天好？有一大群官方經濟學家認為答案是肯定的，至少他們在檯面上、媒體上都這麼說。贊成放權陣營中的經濟學家，大部分心灰意冷，但也有極少數耆老，如被視為改革開放功臣的吳敬璉、一向只說真心話的茅于軾，依舊聲嘶力竭地喊話；少壯派中如耶魯大學金融學教授陳志武、前北大光華管理學院院長張維迎，也都從學術邏輯上辯爭必須放權。值得關注的是香港的經濟學怪傑張五常教授，多年來他為中國過去二十年的經濟奇蹟「解密」，認為是放權至「縣級經濟」的結果，他也對近兩年來的收權政策感到遺憾。

經濟集權派和放權派，倒也不是完全沒有共識。他們一致認為，如果不治理經濟活動中驚人的腐敗現象，中共將失去一黨專政的基礎。腐敗問題是中共的罩門，如同知識界盛傳的一句笑語：治理了腐敗就亡黨，不治理腐敗就亡國。其實，這句話反映的不過是鄧小平當年的隱憂，只是智慧的他帶著這句話去見馬克斯，臨終也沒說出口。

腐敗的源頭是什麼？今天的收權派堅稱，腐敗是放權的副產品，因此需要收權嚴管。然而，即使假設他們是潔身自好、真心誠意的，這種說法也非常不符合中國事實。在今天中國，管制可以生財，不需要管制的經濟活動，也會有人去創造管制；透過權力管制的經濟尋租行為，就是「腐敗」的最好定義。

集權促成管制，管制的權力帶來腐敗財富，因此腐敗方支持集權，而集權方為了保權又不得不抑制腐敗；這是今天中國的荒謬死循環。

「鄧氏二律背反」已經撲面而來，何去何從，二〇一二年的中共十八大是最後的機會，過了這個機會點，中國的經濟、政治、社會命運就將定局。

二〇一一年四月四日

向中國公司學集權管理？

向中國學集權？在開玩笑吧？不著急，先看下面這個故事。

瑪雅懷特在哈佛大學教授組織行為學及企業績效學，她曾經是哈佛女子冰上曲棍球隊員，在哈佛取得心理學博士，然後讀了哈佛法學院，然後又到西北大學拿了一個電機系碩士。近年來她致力於「超級巨星運動員」的心理狀態研究。作為專家身分，無可置疑。

懷特近日應邀到上海，以西方人力資源專家的身分演講。第一次到中國的她，驚訝的發現上海的公路比波士頓還要好，華夏天際線驚人，夜間燈火耀眼。錯愕之餘，她問隨行的中國人：中國怎麼可能在這麼短的時間內建設成這樣？中國人回答：威權式民主。

百分之百被折服的懷特，回到美國後就發表了一篇文章，名為《對威權式民主的讚嘆》。她認為，美國之所以能夠成為經濟強國，必須感謝二戰後的威權式企業文化，但後來的種種「主管人性化」、「員工參與化」價值觀，使得企業開始民主化，大大損害了美國企業的競爭力。懷特呼籲美國企業應該重返威權式管理，她並以自己的運動員經驗指出，所有的冠軍都是在嚴師帶領下養成的。

懷特的反應，應該是只來過中國一次，且只在上海待三天的西方人反應。不要說洋人，就算是台灣那些百分之七十還沒有到過大陸的人，如果只到上海三天，恐怕也會發出類似的反應。這種反應，正是中國官方費盡千辛萬苦後所期待的反應，或者說，正是上海市歷任市長必須向中央交代的任務。

即使是不喜歡中國的西方人，在浮面看了中國的一線城市及巨型國有企業後，都會得到一個強烈印象：不管人們怎麼批評中國，它一定是做對了什麼，否則怎麼可能發展得如此快速？

因此西方人開始追問「中國究竟做對了什麼」。起初，西方人看到中共摒棄了建國前三十年的蘇聯式中央計畫經濟，開始下放經濟決定權給地方，允許私人公司，因此將原因歸功於私有化。接著，西方看到中國爭取加入WTO，大量外銷，股市狂飆，地產暴漲，於是，功臣便是「市場化」。二〇〇七年前後，中共靜悄悄地透過國家機器搜刮前三十年改革開放的經濟成果，並將種種社會資源強力收納於政府；各級地方政府的角色由原來的「私有化推手」變回「國有化推手」，並高分貝向國際宣示，中國的「民主」是「一黨專政協商式民主」，比西方的多黨制、三權分立民主更適合中國。

驚醒的西方，於是開始辯論是否有一個以中央集權為基礎的「中國特色模式」存在。包括中國內部的學者，也都隨之分為兩派，一派認為中國的集權模式確實有效，雖然它也許只適合中國，一派則認為中央集權不是中國祕方，中國所做對的事，不過是在西方的邀請下參與了全球化，並精明的搭了一趟便車。

懷特女士，在這場辯論中算是一位遲到的進場者。她三天內看到的上海，是中國集中國內資源將門面城市「好萊塢化」的成果。如果她還有三天時間走走上海市內的小市民弄堂及「蟻族」聚落，參觀一下那些建築華廈的民工的住所，甚至再在中國待上三個月，看看二、三級城市，看看大江南北佔中國人口百分之七十的農村，她會有不同的結論，也不可能輕易接受「威權式民主」這樣一個混搭名詞。

至於她所說的美國企業今天的「上司與下屬過於平等，導致生產力下降」的問題，這點我頗有同感。但是，問題應該歸咎於「過於民粹」，而不是「過於民主」。國家落入民粹猶可活，企業落入民粹就只有死。美國文化發展至今，民粹主義全方位抬頭，原來的菁英份子一定做錯了某些事。但不論做錯的是什麼，向中國學集權管理，肯定是個笑話。

第四節　中國式民主的下一步

中國還沒有統一

對台灣社會，這算個新聞嗎？我若說得更明白些，大家就知道對多數台灣民眾，這確實是一條沒聽過的新聞。

一般說的「兩岸還未統一」，說的是政治上的事、主權上的事。政治上的統一，在中國歷史上、中華文明內多次發生。從秦始皇統一六國，到隋唐，再到明清，哪一次不是政治上的統一？北京許多官屬知識份子，也基於這個「歷史決定論」，深信兩岸遲早要統一。

政治上統一，對中國不稀奇，經驗豐富得很，在人類歷史上處於「前段班」。但是實際治理機制上的統一，就是另外一回事了。從周朝到清朝，中國的治理機制就從來沒有統一過。不是封建割據，就是建制後地方勢力「天高皇帝遠」；中央稅收時好時壞，富裕時中央養兵，拮据時地方自籌糧餉；貨幣發行，一下這個錢，一下那個錢，私鑄盛行；朝內京官爭權亂政，地方官員與鄉紳相奸為命。在國家治理機制這塊領域，中國可謂是處於人類現代經驗的「後段班」。

即便是今天的中國，從治理機制上來講，也還沒有統一。若要細數，某個程度上可以說軍隊、貨幣這兩項已經統一了，其他的都還沒統一。語言，還存在著數十種方言，有時隔一條河就是「外人」。財政稅收方面，中央稅收「集中力量辦大事」，養軍、辦奧運、弄高鐵、貫注銀行支持國企，地方建設則大多由地方自籌解決，因而土地財政橫行、地方舉債度日、「小金庫」充斥。

中國的公路網總長度世界第一，但公路交通收入基本上處於地方私產，高速部分市府收費、路警受賄，鄉鎮部分一群鄉民就可以阻斷公路，自訂買路錢。前一陣農產品價格暴增，北京市政府下令進京農產品貨車沿路嚴禁收費，貨車司機說，成本一傢伙下來了百分之四十。再有外省一司機常年靠沿途塞紅包過關，一年車資賺了二十餘萬，陰錯陽差被人舉報，一算下來，他一年一車就「逃漏」了兩百多萬的關卡費。他問：如果如實繳費，我一個小民開個車，一年要虧兩百萬，我神經病啊？

政協正在開會通過十二五（二〇一一到二〇一五）經濟計畫，作為「參政黨」之一的九三學社，其江西省委（地位不低）是英國留學回來的博士，他家半夜被鎮政府強拆了，幾乎想死。打電話給市長，市長說這是建設需要；打電話給江西省國土資源部，得到的答覆是「這種事情很常見」；在北京的全國政協會議上詰問中央國土資源部副部長，得到「中央可以約談地方違規官員」的答覆。中央總書記的嚴令、總理的高調道德喊話、中央部委的政令，都出不了北京城。

皮蛋，洋人見其醃製深透，整個蛋體無一份子可脫逃，稱之為「千年蛋」。在國家治理這件事上，中國也有一個「千年癥結」，如同皮蛋，深入肌理，那就是地方與中央的不統一。三十年前，中央官員對這千年死結歸納了一句話：一放就亂、一亂就收、一收就死、一死就放。這句名言，今天依然有效，且有越演越烈之勢。

中央和地方，千年來都在「划拳」。朱鎔基在任時說，中國經濟成長若達不到百分之八，動力就難以維持。扣除他必然已經計入的「水分」，諸如以少報多或重複計算，這條紅線的真實底部應該在百分之六到七左右。地方政府，由於擔心達不到政績而下台，對底下人交代任務時會再加碼到百分之九到十。後果就是「一放就亂」，數字沖到了百分之十一到十二。當前制訂的十二五計畫中，中央要收服脫韁的地方野馬，成長率定在了「嚴格的」百分之七。按照中國政治皮蛋的規律，未來幾年在地方財政的帳面上將進入「一收就死」的哀鴻遍野，但是實際上大量以多報少的「盈餘」會被放入小金庫。

中共所引以自傲的「統一」，在政權層次上並未超越過去歷朝，除非它在治理機制層次上突破皇朝經驗，解決地方與中央角力划拳的「千年死結」，它難以向現代世界宣稱統一。

二〇一一年三月八日

中國式「素雞」民主

要瞭解「民主」在今天中國的地位，首先得對中國人的語言習慣有些瞭解。當中國人覺得雞是一種很有價值的食品，而又因為某種原因不能吃雞或吃不到雞時，他會模仿雞的色香味，創造出看起來像雞、聞起來像雞，吃起來口感像雞的東西，稱之為「素雞」。語言學上，公雞、母雞、土雞、野雞、病雞、素雞的用語方法都是一樣的，但是，「素雞」事實上並不是雞的一種。英國哲學家羅素舉了一個例子來說明這種用語的荒謬，他說，在座的哪一位可以畫出一個「圓的方」（圓的方形）？

在政治上，西方的政治理念本質就是立法、司法、行政三權獨立而產生制衡，三權之上有一部憲法，作為制衡失效時的最終裁判。個別人民的意志，透過選舉機制來表達。這叫作民主。在同意並接受這套民主機制的前提下，個別人民有權利發表不同的意見，過自己選擇的生活方式，這叫作自由。

這隻西方政治的雞，到了中國，出現了各種口味的素雞。孫中山的五權憲法，可以說是一隻誠心誠意孕育出來的土雞，但到了蔣先生手裡，土雞被放置冷藏櫃中，另端出一盤江浙風味的素雞。一直到了幾十年後，台灣人民才衝破防線，把冷藏的土雞放到街頭運動的微波爐加溫，最終吃上了雞。

在彼岸大陸，土雞的命運更為坎坷。由於廚子眾多，且都自詡廚藝，不但土雞被踐踏，對於素雞究竟應該是西方口味的，還是蘇維埃口味的，還是中國王朝口味的，鬧了好一陣路線之爭。有意思的是，不論競爭路線的本質如何不同，都被冠以「社會主義民主」之名；可見「民主」這隻雞的魅力。

折騰了三十年之後，總算有了較為統一的認識。但是此時，「社會主義民主」這個語詞已經被過去三十年的路線鬥爭賦予了太多的情緒意義，智慧的鄧小平提出「中國特色的社會主義」這個概念，以區隔「馬列社會主義」的泥沼。「中國特色的社會主義民主」，也就是「新素雞」，還是承認了雞的魅力。

而今，「新素雞」演進了三十年。坦白地說，如果不硬追究「素雞究竟是不是雞」這個問題，新素雞的口感還是得到了多數百姓的稱讚。中國有句人人能上口的俗話，「沒吃過豬肉，也看過豬走路」，意思是自己對某些事情終究不是完全陌生的。在「民主」這件事上，中國百姓以他們一貫的寬容的心態感到「我也知道它不是雞，但師傅的手藝能夠把素雞做得如此像雞，也很不容易了，將來有機會再吃雞吧」。但是，如果外人硬要點明素雞不是雞，中國百姓基於面子也會和他辯論一番，指出雞會染上雞瘟而素雞不會有雞瘟等等云云。

中國人該不該吃雞？有些人認為應該，而且今天就可以吃。有些人認為，吃雞首先應該具有消化葷腥的腸胃，還要有吐骨頭的能力，而中國社會還不具備。還有些人認為，是雞就會染上禽流感，因此素雞比雞好。你認為呢？

二〇〇九年五月三十一日

儒家思想可以救中共嗎？

為了解釋它和中國的關係，為了解釋它和中國人民的關係，中國共產黨正在尋找一個新定位。

作為執政黨，在當前的憲法架構下，它具有完全的合法性。但由於這部憲法是自己頒佈的，它作為執政黨的合理性卻需要隨著時代變化不斷地做說明，與時俱進，重新定位。儘管有集權的事實，不可否認的，今天的共產黨同時也表達了一種戰戰兢兢的謙虛。這種反差，反映了儒家「民可載舟，亦可覆舟」的民本價值再度成為中國政治中的主流思想。

這份民本思想，在中共建國的頭三十年中是少見的，在文革十年中更是完全不見踪跡，只有在最近三十年才逐步重現。這也是為什麼中共要趕在二〇〇九年「建國六十週年紀念」之前，於二〇〇八年啟動「改革開放三十年紀念」的重要原因。因為，只有在一九七八至二〇〇八這三十年間的成就，中共作為執政黨才與中國歷史道統接軌，才能理直氣壯地表達自己作為執政黨的合理性。

建國六十週年的紀念，不可避免得紀念犯了「以階級鬥爭為綱、無產階級專政」錯誤的毛澤東，而改革開放三十年紀念，不必紀念毛澤東。建國六十週年紀念，不可避免地紀念進口的共產主義，而改革開放三十年紀念，可以只紀念自產的中國特色社會主義。

鄧小平一九七八年說，「我們要想一想，我們給人民究竟做了多少事情呢？」「我們太窮了，太落後了，老實說對不起人民。」「貧窮不是社會主義，發展慢不是社會主義，社會主義就是發展生產力、解放生產力、消除兩極化。」「只有社會主義才能救中國，只有社會主義才能發展中國。」

鄧小平在一九七八年的講話，形成了後三十年的「中國特色社會主義」體系。隨著「三個代表」、「科學發展觀」、「與時俱進」、「和諧社會」等理論模塊的加入，這個體系在二○○八年得到了完整的地位，完成了從「共產主義」到「中國特色的社會主義」的轉型。百年後，史家或可將二○○八年稱為儒家政治思想披著社會主義外衣復興之元年。中國特色社會主義的精神內涵，已經把階級起義後形成的法家價值轉換為儒家價值；以階級鬥爭為綱的「中共」也轉向以和諧社會為綱的「儒共」。總的來說，人民對這轉變的反應是積極正面的。在今天的中國，人民對看不慣的現象的批評，只要措辭委婉，大致上是被包容的；溫家寶總理在雪災中表現出的愛民如子，也暖了中國百姓傳統的心。

接下來三十年的挑戰是艱鉅的。「先進生產力」的釋放，「和諧社會」的達成，可不是單純用思想綱領就可以解決的。生產力提升所遭遇的困難、城鄉貧富二元化、中央政策無法貫穿底層、利益格局導致經濟發展窒礙、地方官僚體系的腐敗、百姓的求富心切等等都是和諧社會的障礙。

怎麼解決？這就是改革開放三十年取得初步成就後留下的巨大問號。如果說改革開放三十年間的施政方針中有儒家傳統的影子，接下來三十年的問題可就不是儒家傳統所能應付的。事實上，它正是儒家思想千年來未能提供方案的「中國結」。

所有的焦點，都集中於政治改革。政治體制不改革，中國無法上台階，這幾乎已是中外學者的共識。即使不論西方學者在這議題上的分析，中國內部其實也已形成了共同的方向性意見。北大光華管理學院院長在一篇文章中說，他預測改革開放的第二個三十年將著重於政治體制的改革。中共中央黨校的教授們也倡議「政治改革可在部分省分先行」。中央電視台的三十年回顧節目中也有意無意地回顧了改革開放初年廣東省委書記任仲夷強調民主是改革基石的談話。

這議題當然是中國傳統的軟肋。回溯儒家，找得到民本的價值觀，但找不到當代政治中的普世價值觀。回溯五四，找到的又是西式的政體觀。回溯建國頭三十年，那就更不用說了。所餘的，就只有自己摸索創造一套中國特色的體制了。

在各種改革開放三十年的紀念活動中，各方有識之士都極力呼籲「進一步解放思想」。在大陸允許的用語習慣中，這句話大有文章。過去三十年，思想在非政治領域中已經解放得夠可以了。現在要求「進一步」解放思想，其實暗指的是體制內的思想解放已經快走到它的效能盡頭了，要再走下去，就不得不對體制本身做思想解放了。換句話說，經濟改革、行政改革已經走到了不得不做政治體制改革的地步。

為了它執政的合理性，共產黨必須在接下來三十年間，將儒家的「以民為本」政治精神推向脫離儒家思維領域的「人民做主」機制。如果做到了，後世的思想史家可能又會說「人民做主」本來就在儒家思想中，一派學者稱它為「原儒」，另一派稱它為「新儒」，這難免會削弱了中國共產黨的創新功勞。不過，那又何妨，歷史上的儒家反正一向都很懂得附會之道的。

二〇〇九年三月十日

未來三十年，共產黨怎麼辦？

上中學時，那還是「大家來選蔣總統」的年代，我問爸爸，台灣這麼小的一個地方，裝了三十幾個省的代表，又有立法委員，又有省議員，各省的代表死了之後怎麼辦啊？重新選舉，誰來選湖南、江西、浙江的代表啊？一百年後怎麼辦哪？

爸爸從來未預料到我會問他政治問題，而且是這樣一個無解的問題。我的印象深刻，他露出一種我從未見過的尷尬，齜著牙幾乎是噗哧一笑地擠出幾個字：我也不知道，不要多問。

我的問題如果是「我是從哪裡來的」，大概他的尷尬程度也不過如此。及我成年，哦，原來是這樣辦的，把「省」廢了不就成了。不用一百年，三十年就夠了。

完全可以想像，某個晚上，大陸某省某市某鎮某村某戶吃過晚飯後，一個兒子問他的爸爸，或一個孫子問他的爺爺：中國這麼大，裝了這麼多人，就只有一個共產黨啊？一百年後還是只有一個共產黨嗎？

爺爺爸爸怎麼回答，我不知道。但若讓我來回答這個問題，我會這樣答：中國這麼大，肯定不只裝一個共產黨，它裝得下兩個共產黨，甚至三個共產黨。

是的，我說的不是兩個政黨，而是兩個共產黨；不是三個政黨，而是三個共產黨。

中國共產黨有七千萬黨員，相當於三個半台灣的人口總和。台灣這麼小，但也裝下了至少兩個黨。

看來，一國兩黨是「國際慣例」，只有多過兩個黨的，沒有少過兩個黨的。但這個國際慣例，不適合中國。生活在台灣的人也許不知道，大陸百姓在網路上痛批共產黨的大有人在，但呼籲多黨民主競選的卻寥寥可數。幾乎所有大陸百姓都明白一個道理：中國不能實施美式民主，美式民主在中國的社會文化條件下將帶來萬劫不復的災難。但是，這種默契並不妨礙大家期望一個更民主的中國。

在這件事上，「中國特色的民主」這一概念具有極為深刻的意義，雖然大家對「中國特色」的內涵還沒定論。

誰知道呢？我小時候對「台灣特色」的民主進程也無法想像，連我那歷經時代滄桑的爸爸當時也想像不出來。

中國共產黨一黨專政實質上是寫入憲法的，我不期望它在我的有生之年能夠改變，事實上，我也不認為它應當很快改變。凡是在中國大陸做過廣泛深入旅行的人都知道，七、八億農民還未意識到現代文明生活的可能模樣，兩億多進城打工的農民工也多半還在生存線上下掙扎。上海、北京、廣州、深圳等城市的物理現代化，完全是少數菁英操作超過十億基層人口的成就。讓一部分人先富起來，然後一小步一小步地解決溫飽乃至小康，這絕對是一場世紀工程。

中國的地理、水土、耕地面貌近千年來無甚改變，農民至今仍是人口的主力，地方勢力一直在相互角力。架構於其上的社會結構一向都呼喚著同一種治理模式。在這一點上，當年的國民黨，今天的共產黨，在大陸面臨的治理條件與明朝、清朝並無根本差異。

過去三十年來共產黨的宏觀政治成就，在於它終於打造了一個治理實體，一個功能化的「黨」，脫離了數千年「朝廷」的軌跡。對於研究組織學或人力資源的專家，中國共產黨的組織體系、人才培養制度、淘汰制度、觀念價值的貫穿，事實上已超越了美國的大型百年企業，例如GE。換句話說，習慣性的用「朝廷」來看今天的中國共產黨並不公平，反倒是把它看成一個擁有七千萬員工，面對十幾億客戶的超巨型壟斷性企業來看，更為合適一些。這個「超巨型企業」的總部，對其地方分公司員工的手段是嚴厲的，對其客戶是懷柔的，但由於它的產品是壟斷的，對於那些不滿意它產品改進速度的客戶，它也有相應的強力消音對策。最具中國歷史意義的是，這個組織已經不是一個舊瓶裝新酒的傳統朝廷，而是一個已經具備本質轉化可能性的功能機構。

壟斷不好，壟斷有極大弊端，這已是人類歷史經驗下的共識。若是一個偉大的企業家，當他察覺自身企業的壟斷地位正在內部積蓄反動力量，開始侵蝕其企業自身長遠價值及惹毛客戶時，他會怎麼做？是的，業務拆分。以業務拆分製造內部競爭，就像當年處於絕對壟斷地位的中國電信公司，拆分其固定電話業務及移動無線業務一樣。如果當年沒做這樣的拆分，傳統的固話業務一定拖累新興的無線移動業務，也不會有今天移動業務的發達局面。

從種種現實條件來看，世人不要期望中國出現兩黨政治或美式民主，更佳方案是一黨專政下的黨內民主，讓實質的民主機制在黨內實現。世人在看中國時不應該被「一黨」的死概念拘束，要知道這「一黨」就有七千萬人，七千萬個頭腦，七千萬張嘴，那可相當於一個法國啊。法國七千萬人容得下幾派意見競爭，為什麼中國共產黨的七千萬人容不下幾派意見競爭？

其實，黨內民主是老話題了。中共元老劉少奇就有一本小冊子專論這個議題。少年時讀之不解，今天才感覺到這個概念的「中國特色」價值。

很喜歡一部電影《接觸》（The Contact），片中小女孩問爸爸：宇宙中除了地球還有生物嗎？爸爸把小女孩深夜帶到陽台，讓她看那廣袤的星空，然後反問她：「天上那麼多星星，你能想像除了地球外沒有其他生物嗎？我很難想像」。

中國那麼大，只容得下一個共產黨嗎？共產黨人數像法國人口那麼大，未來一百年只容得下一派意見嗎？我很難想像。我覺得在黨內民主競爭機制下，至少容得下兩個共產黨。如果大陸的非黨員問我，這樣豈不是斷絕了非黨員的民主競選權利？我會回答說：加入共產黨吧，到裡面去爭取你所有想要爭取的民主權利。永遠不要忘記，「中國特色」是一個威力無窮的辨證概念。鄧小平把它用得出神入化，中國那麼大，智慧者難道就一個鄧小平？我很難想像。

二〇〇九年三月十日

中國人民的五個不答應

中國溫家寶總理近日在一次重要的公開講話中說：「民心向背決定政權的存亡。衡量政策好壞的標準只有一條，就是群眾高興不高興、滿意不滿意、答應不答應」。

中國大陸雖無公民投票，然而，執政的基礎還是在於「人民答應不答應」。任何想要瞭解中國現狀何以如此、將來會如何的人，都必須先抓住這條主線。今天世人看到的中國萬象，乃是過去六十間中國人民的「四個不答應」型塑而成的。

第一個不答應的力量凝聚在一九四九年。中國人民不答應再被外國人欺負，因此毛澤東得以在天安門城樓上宣佈：同胞們，中華人民共和國中央人民政府今天成立了。這第一個不答應，造就了共產黨。

第二個不答應的力量顯現於一九八〇年。中國人民不答應一人獨裁或內廷小圈子亂政，因此在毛澤東於一九五九年廬山會議開始邁進一人天下之後的二十一年，共產黨公審了四人幫，供國內人民在電視前觀看。這第二個不答應，令共產黨痛下決心，此後絕對不再容許一人專政，只能奉行集體輪流專政。這個教訓，已經深入了共產黨的骨髓，也奠定了此後領導輪替的制度。

第三個不答應，就是老百姓不答應繼續窮下去。鄧小平、胡耀邦、趙紫陽以及無數的老黨員聽到了，改革開放三十年於焉開展。共產黨對貧窮宣戰，實踐檢驗真理，黑貓白貓抓到老鼠就是好貓，中國人民給與熱烈的擁抱。

在第三、第四個不答應之間，出現了半個不答應，那就是一部分人民不答應共產黨專政。時間是一九八九年，人民看到蘇聯共產黨解體，結合著中國經濟開放後的人心動盪，天安門廣場學生對民主的呼聲瞬間傳遍國內，一發不可收拾。之所以稱其為半個不答應，因為在當局鎮壓之後，老百姓還是答應了。老百姓並不是答應不要民主，而是答應共產黨的呼籲：中國再也經不起內亂，先富起來再說，民主下一步再談。

接下來的二十年，中國共產黨努力的實現對老百姓的頭三個承諾：不再被外國人欺負、不再一人專政、先富起來再說。這二十年中，所有的專制不民主現象，老百姓都在「三個承諾」的前提下容忍了下來。集體輪流專政的共產黨也不斷地推出行動以證明自己並未失信於民，從解放鄉鎮經濟、允許私人企業、都市現代化、軍事強國化、爭取國際話語權，乃至後期的傾力救災、北京奧運會、廣州亞運會、上海世博會。無一不是為了鞏固集體專政的合理合法性。

一部分人的確富起來了，但很多富得不光彩。於是，第四個不答應的能量逐漸累積，再一次的威脅到專政的合理合法性，雖然現在已經不是一人專政而是集體輪流專政。這第四個不答應就是，中國人民不答應專政方腐敗。

在這第四個不答應的浪潮中，夾雜了二十多年前那「半個不答應」的呼聲，但是真正瞭解中國社會、人民的人都知道，民主的呼聲在這次第四個不答應的運動中，僅僅是搭了便車的乘客，絕非開車的司機。中國多數人民今天容許集體專政，但他們清楚地喊出：你可以專政，但你不能同時腐敗，魚與熊掌想兼得？門兒都沒有！

至今天為止，共產黨對這第四個不答應，前後為難，看來還沒好招數。在大陸的知識圈內廣為傳播的一個段子道出其中真髓：腐敗就亡國，不腐敗就亡黨。

共產黨過去大病過幾場，都以最終響應人民的「不答應」而過關。這一次，它還能響應人民嗎？它的體制現狀還有回應能力嗎？它的車輪中心還驅動得了車輻嗎？不久前，山東舉辦中國村幹部大會，中國各地的村委書記有許多開著千萬元豪車赴會，寶馬、賓士已經不入流，勞斯萊斯、賓利才叫氣派。這是村委書記，中國行政的最基層。

對這第四個不答應，若共產黨在無招之餘繼續拖個幾年，以中國老百姓的秉性，也會悶氣吞聲，然而，二十多年前那「半個不答應」，極有可能就此發酵還魂為第五個不答應：不答應共產黨繼續專政。

眼下，唯一能阻止第五個不答應成形的是經濟。但中國的權力式經濟的體制性沉屙已經太過沉重，加以世界經濟三五年內不會有起色，經濟牌的成效乃未知之數。

親身經歷過那半個不答應的溫總理，正在做卸任前的最後努力，警示若處理不了第四個不答應，第五個不答應就會來臨，而那決定政權的存亡。

二〇一一年十一月四日

網路＋山寨＝民主2.0？

中國的民主進程，如果可能跳過目前西方主流的定期投票選舉，直接進入「一事一公投」的形態，則會創造出人類政治史上前所未有的政治監督模式。這種可能性如發生了，得拜賜於科技，更準確地說，最終盤活中國民主機制的激素可能不是傳統的社會運動，而是網路。

何以這樣說？當網路由1.0進入2.0後，就成為了一個動態意見瞬間合流的機制，人不用上街就可以集會，匿名就可以投票，開票結果只需要幾分鐘，甚至幾秒鐘。官方若要加以管理，恐怕比管理每一家庭臥房裡的事還要困難。

中國大陸的網民在網路2.0平台上發明了許多「野」的用法。例如，年輕人的「曬工資」，大家把老闆發的工資拿到太陽底下曬一曬，就知道自己有沒有被虧待了，或就知道下次換工作該往哪個方向發展了。再如，在網路上加以通緝的「人肉搜索」，網路上發佈自己被人欺負的事情，鼓動所有網友偵查、蒐集、通報某人的實際情報，然後天涯海角也要把他按捺在地。

中國的湖南衛視有一個綜藝節目「超級女聲」，曾轟動了整個中國社會，一輪一輪地晉級歌唱大賽，由市至省至區至整個中國，每一場都是「全民公投」，採用的媒介是人手一支的手機，即時動態地在網路上報導投票結果。這場全民運動幾乎進行了一整年，使得中國人瞭解了什麼是投票選舉，投票過程中會出現怎麼樣的不公平，也見識了利益驅動下的種種作弊黑幕。

最近一年，情況出現了微妙變化。網民們開始對社會現實問題投票了，由「曬工資」發展到「曬貪官」，由「人肉搜索」進入「腐敗證據搜索」。當手機拍到南京市房產局局長的桌上放著他工資不可能買得起的香菸之後，網上曬出，局長下台。浙江東陽市審計局局長公款按摩，網民由按摩院取得單據，網上曬出，局長下台。春運期間一票難求，網上曬出鐵路售票員停止售票，卻轉身處理黃牛票的手機錄影時，百姓譁然，一直到國家主席親筆批示必須消滅黃牛，民怨才息。傳統報紙和電視在新聞的速度上已經完全比不上網路草根媒體了，它們只能跟在草根媒體後頭追蹤報導。

這種草根性的「一事一投票」趨勢還會進一步深化下去。哪兒是底，現在不好說。但有兩個「山寨」事件，已經直逼傳統威權的核心。一個是在中國境內瞬間形成的「山寨版春節晚會」，直接挑戰官方的核心傳播機構中央電視台。另一件是美國歐巴馬總統就職典禮後兩天，網路上就出現了「山寨版」的演講稿，完整套用了歐巴馬就職演講的語氣、段落，以黑色幽默述說了農民工身困火車站有家歸不得的苦楚，以及對社會分配不合理的無奈，這份山寨版的演講反諷並調侃了中國的領導人。

網路2.0使得「一事一公投」成為可能，「山寨運動」越來越指向核心問題，這兩項加起來，當網路2.0碰上山寨，可能就是中國特色的民主發生的契機。西方傳統的定期選舉，其實是一種在特定環境下發展出來的制度，比較像是一種批發式民主。而網路上的「一事一公投」，則像是跳過中間代理的零售式民主。三十年後，當網路上的保密機制和信用機制完善後，當中國的網民數量到達十億時，零售式民主有可能成為人類歷史上的「民主2.0」。

二〇〇九年四月二十七日

二〇一八，民主將變形

我們今天所認識的代議制民主，可能在兩代人的時間之內就變形到今人無法想像的地步。然而，變化不會等到兩代人後才開始，它將從二〇一八年後開始，也就是今天算起的七年之後。為什麼是二〇一八？因為那是公元二〇〇〇年新生兒首次取得投票權的日子。

二〇〇〇年出生的孩子，就是Facebook、Twitter的世代，他們將不像我們一樣忍受積怨四或六年，才人模人樣的投一次票，而且還得定時定點的投票。事實上，他們將認為「投票」是一種很愚蠢的形式，就好像我們今天隨時可以上超市的人覺得過去的「趕集」是很好笑的一件事一樣。

發生在埃及的群眾運動，世人多把它視為爭取更換領導人的運動，軍政府也以開放選舉作為解決方案。但若深入瞭解了手機、互聯網、Facebook、Twitte在這場事件中的作用，我們可以預言，單單幾年一次的投票選舉將遠遠不能滿足那些走上廣場的人，若被選上的人物不能每年、甚至每月根據民意修改他的政策，埃及街頭將騷亂不斷，恐怖行動也會寄生介入，因為恐怖行動不必定時定點。

代議制民主，即使是定期直選，都具有巨大的代理成本。它其實是人類在局限條件下無可奈何之中選擇的最佳方案，它的種種弊端，過去也被視為必要之惡，一種人們為了斷絕極權獨裁而必須付出的代價。全球所有代議制民主國家，都存在利益集團、政商勾結、民粹主義煽動等問題，而選民多以「世事本如此」自我解嘲。還好人類具有這種幽默感，如果是猴子，絕對不會容許代議制民主生存如此長久。

如同工業器械的普及為法國大革命鋪了路、促進了英國的代議民主，數位社會網路的普及，將為代議制民主的葬禮鋪路，諸如Facebook 這樣的平台，可能發展出統計上可靠的即時投票機制，社會上大小事件的民意可以像日記一樣記錄，那些基於「選民是健忘的」原理的種種選前情緒操作將失去效用，選民將像檢視「理財記錄」一樣在投票日作出決定。我們今日所理解的社會秩序，將進入一個動盪期。是好是壞，無人知曉；唯一可以斷定的是，對此，人類的心理準備程度越高，它越可能往好的方向發展。

這場民主的變形，肯定對中國的走向產生史無前例的影響，對台灣社會也一樣。事實上，台灣處於雙重風險中，因為，除了自身內部因為代議制動搖所帶來的社會風險，還需承擔中國動盪的後果。當然，二〇一八不單單屬於中國及台灣，它將是全球性的，日本、美國、歐洲、俄國都脫離不了此種命運，但弔詭的是，尚無代議制的北非、中東，帶頭打了第一槍。

這場變化，姑且稱為「數位民主2.0」。它與代議制的最大本質差別，在於政治將告別菁英主義，平民及常識將成為主要動力。這不見得完全是件好事，至少在短期之內。政府的決策可能因此平庸化，法律的判決可能市俗化，本來可以長期理性討論的議題可能隨時激化。最值得觀察的是中國。當前的中國，人民呼籲直選代議制民主，而當局堅拒直選。數位民主2.0的趨勢，將給一黨專政的中共帶來怎樣的壓力？它會如何面對？眼前，中共深知其風險，故禁止使用Facebook，然而，它不可能阻擋國內開發的類似的社會網路平台。它雖然沒有二〇一八新生代選民的壓力，但是年輕人眼睛看著二〇一八以後的世界變化，不可能再接受自己是世界下等人的形象。況且，到了二〇一八，手機簡訊也可能提供類似於社會網路的功能。

有人說，以中共的狠勁，到時關閉網路及手機網就行了。但是，當社會聯繫的權利已經變成生活要素時，剝奪它就有如剝奪人的基本行動，後果等同於實施宵禁、戒嚴。當一個當代政權關閉網路時，就等於傳統政權宣佈全國戒嚴，人人不得碰面。對中國，那將是一個返回石器時代的代價，即使共產黨員，絕大多數也不會接受國家如此倒退。

事情若往好的方向發展，經過若干無效的鎮壓之後，中國可能在若干年後成為世界上頭一批直接跳過代議制民主，進入某種數位民主2.0的國家，中共轉化為一個真正順從民意的政黨。但若歷史再和中國開一個大玩笑，中共決策層也可能高舉民族主義大旗，甘冒再度與世隔絕的風險。若那樣，台灣就得小心了。

二〇一一年六月二十三日

八〇後會改變中國政治嗎？

出一道腦筋急轉彎題：在中國，公寓業主管理委員會、NGO慈善組織、民間工會，這三樣東西有什麼共同點？

答案：這三者都是「自發性」的組織，在今天的中國，這種「自發性」一旦找到突破口，就會一發不可收拾，有如黃河決堤，有如野火燎原。

來比較兩件事情，就在富士康宣佈全面加薪的同時，廣東的本田汽車零件廠工人發動了罷工。官方新聞將焦點放在「加薪」這件事情上，網路上的民間新聞也說富士康的加薪會大動作引發中國工人的加薪要求。在媒體眼中，仿彿「加薪」就是這一代中國年輕工人的唯一訴求。

是如此嗎？無論是主動還是被動，媒體避而不談的是，廣東本田的八〇後年輕工人的訴求，除了加薪之外，還有另一件事：在官方掌控的工會之外，自組工會！

Oops！哎呀！這群在網路上組織打遊戲、玩即時通訊長大的「小孩子」，開始把現實生活當作網路遊戲來玩了！將來的歷史學家可能有一個大題目可以寫：八〇後世代的自發性徹底改變了中國政治。

在中國的政治傳統下，無論是多麼開明、多麼包容的主權者，依然擺脫不了集權的本質。官，就是「父母官」，民反抗官，不過是抗議官員們沒有善盡「父母」的職責，或不夠尊重「子民」的要求。層出不窮的老百姓「維權」事件，本質上也不過是百姓氣憤官員們沒有履行政府本應授予百姓的權利。中國百姓爭的是「權利」，而不是「權力」。他們一直期望著，政府會透過官員的權力，執行政府答應給百姓的權利。這是中國百姓同意政府專政的前提。

最近不同了。中國百姓已經出現了從被動的「維權（利）」踏入主動自發性地「索權（力）」。「我的事情我做主」，八〇後的人格特徵開始發酵；如同所有發自年輕世代的流行風潮，這股索權的暗流最終一定會像髮型、穿著一樣向上一世代的壯年族群蔓延。

廣州本田的罷工工人不信任官方把持的工會而要求自組工會，只是初見端倪。這次被壓制下去，五年後就不一定了。另一個屢屢冒頭的自發性動力，就是八〇後世代對自發性NGO（非政府組織）的興趣。汶川大地震發生時，中國各地均出現大量自發前往災區的年輕學生，還有一些不服從「組織」安排前往調查校舍建築品質的社會人士，這些情況，給主張「集中號召組織救災」的中國政府很大的困擾。中國政府的做法，表明政府連「愛百姓權」都要壟斷。

在中國政府壟斷的組織網中，事實上存在著一個極大的隱患，那就是居民社區、公寓樓房的業主委員會。中國法律本有規定，居民有權利自組業委會，然而，絕大多數的「業委會」都掌控在必須靠政府臉色吃飯的地產開發商手中；這種現狀，使開發商幫助政府阻擋了億萬名業主自發性地成立自我管理的組織，似乎作為回報，開發商也賺到了物業管理費。如果有一天，每一個業委會都變成產權業主自發管理的組織，中國將瞬間出現幾百萬個官方無法直接控制的小組織，其數量超過官方現有的黨支部、居委會、街道委員會，整個中國將一夜變質。

一名網友在他的部落格中說道，中華人民共和國的頭三十年將全體人民變成了政治怪物，後三十年將全體人民變成了經濟怪物。經歷了這兩種怪物期，未來三十年的中國百姓應該是要進入正常人性期了。人性的基本需求之一就是「歸屬感」，而歸屬感來源於團體或組織，這正是「分而治之」、「專利愛民」的中國政治傳統所最懼怕的。

這種自發性的組織，「我們的事我們做主」的權力意識，正是中國官方接下來要全力阻擋或其謂之「引導」的社會趨勢，但這也正是中共最終無法阻擋或引導的趨勢。

二〇一〇年六月二十四日

向溫家寶總理進言藍海策略

絕大多數人還未深切意識到，二〇一一至二〇一二這兩年的中國政治變化格局，將決定未來數十年的中國社會、經濟、人文格局。溫家寶總理是知道的，所以他啟動了一場苦戰並陷入其中。過去數年，溫總理採用了兩個策略，先是在體制內追求體制改革，感覺力不從心之後，他大幅度地改變了策略，直接訴諸百姓民心以及尋求輿論界的助力。

這兩個策略事實上在過去三十年間都被用過，也都產生了某些效果；但是，這一次恐怕不行。理由很簡單：上一次從體制內部追求體制改革的時候，體制內還是一窮二白，大家都歡迎改革，而現在，體制內的利益格局已經定局，正在積極享用上一次改革的成果，不可能在現階段支持二次深度改革。再來，新興的網路輿論雖然近五年來揭發了一些弊案、推動了一些變革，但是它存在兩個問題。第一，脆弱的中國社會可能經不起社會輿論的全面性大鳴大放；第二，不付諸行動而僅是散漫言論也緩不濟急。

溫總理的兩個策略，在當今的環境條件下，都屬於「紅海策略」，也就是在擁擠的環境中企圖殺出一條血路的策略。其實，中國今天存在一種「藍海策略」的餘地，也就是避開紅海，另闢蹊徑。

藍海在哪？它在兩個讓人意想不到的地方：ＮＧＯ（非政府民間公益機構），以及居民社區的業主委員會。

先論前者。八〇後將在十五年後接管中國社會，九〇後將在二十五年後接棒。這兩個世代的年輕人固然有很多地方令老一輩擔心，但他們具備了一種中國的年輕人有史以來不具備的特質：非政治性的社會關心情懷。重點在於「非政治性」；正因為他們的政治無知和冷漠，他們才有餘力將熱情投入了關懷小貓小狗、弱勢群體、天災災民、自然環境、生活衛生。

瞭解中國近況的人應該都會同意，只要中國的民政部放開了ＮＧＯ的成立條件，中國恐怕會瞬間出現幾萬個ＮＧＯ，範圍將涵蓋所有的社會問題，百姓及企業的捐款將會排山倒海而來。它們都不會直接挑戰政治或腐敗，但是，它們致力的非政治關懷，恰恰就會為所有的腐敗設下路障；腐敗的橫行將變為寸步難行。腐敗是一種癮，但來自普通年輕人甚至兒童的力量，將一天一點、不著痕跡地「治理」腐敗的癮頭，正像戒菸的最大力量來自家人及兒童。

再來，中國已經具備了數百萬個居住社區及大廈，它們在法律上可以成立業主委員會。如果當政者撤銷過去十年來在成立委員會上設置的障礙，中國瞬間就會產生相同數量的平民業主委員會。它們也不會挑戰政治權力，它們只會簡簡單單地爭取自己居住環境的合理和尊嚴，但恰恰就是這種全面開花的小民尊嚴的「權利」，將會對中國各種不合理的特殊「權力」加以制衡。

共產黨政權靠搞組織起家，因此對任何非官方直接控制的組織都不信任，怕失控。但正是這種根深柢固的疑慮使得中共領導人在進行改革時陷入「政治問題必須政治解決」的「紅海思維」。事實上，前三十年的改革開放在中國社會中已經累積了足夠的「非政治力量」，政治體制改革問題已經完全可以透過非政治的路徑來解決。

溫總理近年來不斷被糾纏在自由、民主、法治是否是普世價值、是否適合中國的辯論中，這種意識形態的糾纏，恐怕不是他個人在幾年內可以釐清的，甚至不是共產黨在二十年內可以釐清的，因為它牽扯到了太多人的情緒及利益。今天支持他的「輿論」，明天就可能轉向。他若不爭一時而爭春秋，就應該鼓足全力，促成中國社會間已經聚積的非政治力量百花齊放。

開放NGO及業主委員會，任何利益派別都說不出正大光明的反對理由，否則他們將無法面對自己的家人及子女。這兩件事，立法基礎已經完備，有可能在兩年內全面起頭，而它一旦啟動，任何既得利益都無以擋住它。奇妙的是，尊重了非政治性力量的存在之後，共產黨的政治合法性反而會提高；中央領導人所擔憂的「政權可能不保」、「改革成果得而復失」、「政息人亡」等等將自然消弭於無形。一個策略，同時對民族、對國家、對社會的前途、對黨的生命都有了交代，何樂而不為？

二〇一〇年九月一日

第二章
權本主義看經濟

第一節　為中國的「資本主義」正名

權本主義，而非資本主義

中國過去三十年的經濟，究竟可不可以稱之為資本主義？如果可以，中國怎會一夜之間從頑固的計畫經濟社會主義變成資本主義？如果不可以，那它究竟是什麼「主義」？這問題，國際學界、政界已經吵了至少二十年。

眼前，中國官方稱自己為「具有中國特色的社會主義」，但是此說無法對許多「比資本主義更資本主義」的現象自圓其說，因此被世人譏刺為虛偽。西方學者，客氣一點地稱中國為「國家資本主義」，尖刻一點地稱中國其實就是「權貴資本主義」。

其實，資本主義的老祖宗是亞當斯密，社會主義的老祖宗是馬克斯，他們都不是中國人。具有幾千年延續文化的驕傲的中國人、在過去二十個世紀裡GDP就領先了十八個世紀的中國人，不可能把各種「主義」的寶座永遠讓給外國人，暫時借用一下可以，但終究還是別人的大衣。毛澤東、鄧小平在天堂裡，絕對不會願意和馬克斯或亞當斯密住同一棟樓。

如果一定要冠以主義之名，那麼今天的中國經濟，稱之為「權本主義」可能很恰當。經濟學上，「主義」代表一種價值觀，一種對資源效率及效用的設計觀；作為「主義」，它一定得有核心驅動力，例如，亞當斯密認為經濟的核心驅動力是私利及市場那只看不見的手，馬克斯認為是自下而上的集體公平感和正義感。

中國呢，自古以來就認為「經濟」是一種大哥照顧小弟、爸爸照顧子女、官員照顧百姓的活動，從來就沒指望什麼「市場」可以照顧弟妹子女，或百姓集體之間可以自發產生公平和正義。這種照顧機制的核心驅動力是分配權，潛台詞是因為是我在照顧你，因此分配的權力在我。至於如果亞當斯密的「私利」闖了進來，那叫作「腐敗」，如果馬克斯的「自下而上的集體公平正義」竟然真的發生了，那叫作「奪權」。

的確，中國共產黨靠著馬克斯主義奪到了分配權，經濟機制上也曾經一度追隨了馬克斯那個把經唸歪了的弟子史達林，但是其文化底蘊中深藏的「權本」觀念最終還是冒了出來，吞噬了馬克斯。

誠然，在對頭三十年教訓的深刻大反省之後，中國社會接納了亞當斯密，而且迎接得又急又快。然而在這三十年的經濟發展過程中，「權本」最終還是勝出。前後六十年當中，表面上看起來是一場馬克斯對亞當斯密的糾纏拉鋸戰，事實上是中國傳統的「權公」會戰「馬公」及「亞公」的三人擂台賽。眼前，馬、亞兩位選手已經氣喘吁吁，如果幾年內再不殺出程咬金，裁判就將拉起「權本」之手宣佈它是贏家。

從思想史的觀點看，「資本」和「權力」這兩件東西在本質上有著驚人的相似。它們都具備以下的特質：可貨幣化、可交易、有借用利息、可集中、可符號化流通、可證券化（如職稱、官職、身分、稱號、批文等等證書權力）。換句話說，中國幾千年的權本經驗傳統幾乎可以「鏡像」般地接駁資本主義的各種機制，只要把「權力」視為「資本」套入公式操作，即可無縫對接西方資本主義體制兩百年來的精華，例如權力買賣、權力招標、權力匯差、權力定存、權力上市、權力證券化、權力遺產化、權力對沖、境內外權力合資等今天已經吞噬中國的現象。

這說明了為何中國可以如此快的速度接受了各種資本主義機制，而且比資本主義更資本主義；這也同時預測了中國經濟的最大風險之所在：傳統的「權本」技能一下子得到了兩百年資本主義功力的「開光加持」，恐怕更要變本加厲。看來，中國有必要重新讀讀馬克斯及亞當斯密思想中關於「人本」的論述。

二〇一〇年八月二十四日

「資本家」還是「權本家」？

河南嵩山少林寺的股票要在二〇一一年上市了，所有未來四十年的寺產、品牌、門票收入，只作價四千九百萬人民幣，佔新上市公司的百分之四十九，而嵩山少林寺單是二〇〇八年的門票收入就達一點五億人民幣。將佔百分之五十一股份的是（國有）香港中旅集團。開著保時捷SUV，外稱少林寺CEO的方丈釋永信，在過去一年裡多次闢謠少林寺在運作上市之事，這次，他也說不知道，運作上市完全是少林寺所在的登封市政府在操作的。為了上市，登封市政府將動用財政撥款六千萬人民幣，負責把少林市周邊的居民遷移到它處，並把少林寺的財務報表弄乾淨。

一位來自台灣的商業顧問搔著腦袋說，他的一個南方客戶年營業額才八千萬，計畫在三年之內把企業價值做到三百億，匪夷所思，不知道怎麼給顧問。我請他去看知名報紙《二十一世紀經濟報導》一個月前的調查報導，有關福建紫金礦業如何由四千萬人民幣公司價值暴增到一千五百億人民幣的玄機，也許就知道如何「顧問」這個案子了。紫金山金礦位於福建武夷山區，政府花了六千萬元探勘之後，結論是該礦黃金藏量只有五點四噸低含量礦石，不值得開採。不久後，政府探勘部門負責人就以不到四千萬的價格私人買下了該礦，也就是國有不良資產「改制」。買下不久後，經過「補充探勘」「發現」該礦蘊藏二百五十噸以上的高含量黃金礦石，連年高價值產金後，紫金礦業二〇〇八年在A股上市，公司市值達一千五百億。已經是私人老闆的前探勘主管，以及還保留部分股份的大小相關政府單位和個人，出售部分股票後獲利七百餘倍。手握大量現金的老闆，轉過身買下了青島啤酒的最大股份。

中國有沒有「資本家」？中國是不是已經走入「資本主義」？有人說，中國沒有真正的資本家，中國有的是「紅色資本家」，即運作官方資本的大家，這種說法其實是一種牽強附會。資本家是不顧其他而專注把資本的效率發揮到極致的人，而中國的「政即是商、商即是政」的相關人士，從來就不講究資本運用的效率，怎麼可以冠以「資本家」的稱號呢？哪怕是加上了「紅色」二字。

那麼，中國有的是什麼「家」？這裡創一個新詞：權本家，也就是把手中權力的運用效率發揮到極致的專家。權本家和資本家不一樣，資本家的效率完全用金錢來衡量，權本家的效率在於用權及保權，產出物有的時候是金錢，有的時候是權力交換後的非金錢好處。當然，這些非金錢好處中的一部分，日後會透過「遞延效應」轉化為金錢。這樣一個以權本家為核心的經濟體，不妨稱作「權本主義」。

好了，在分析、批判資本主義的時候，人們必須問錢在誰的手裡，那麼，在權本主義社會中，人們必須問權在誰的手裡。資本主義經濟體系，關注的是三大資源「人、財、物」的分配，而在權本主義經濟體系中，關注的是權力資源的分配。

外人想要瞭解中國的體系，包括經濟體系，如果對權力的分配原則、權力的交換公式、權力的估值方式不明白，結果只能鬧笑話。最引人發笑的，就是拿著資本主義的經濟學、金融學道理來分析中國權本主義經濟的走向、趨勢。一部七十年代電影《疤面煞星》中，飾演古巴難民的艾爾帕奇諾到了美國一星期後發現了一個真理：在這裡，你得先有錢，然後你才會有權力和女人。如果他到了中國，他發現的真理會是：在這裡，你得先有權，然後你才會有金錢和女人。很多經濟學家的見識，恐怕還比不上這位古巴難民。

少林寺上市，福建金礦的上市，其幕後都是地方政府的權力運作。但問題是：哪家企業的上市不牽涉到政府或個別官員的權力介入運作？中國經濟中的哪一部分不是中央或地方政府單位權力介入而來的？想來想去，吃、穿、房、車、育、樂，好像想不出一項。

二〇〇九年十二月三十日

控制心態將拖慢中國經濟及文明

如果要選擇一個詞，只准選一個詞，來概括中國社會及經濟傳統，我選「控制」。社會生活有無數方面，經濟現象有許多層次，但無論如何變化，內在總有一些根深柢固的文化源頭；時髦一點稱它為「價值觀」，口語一點稱它為「老觀念」。不管叫什麼，它們決定了一個民族、一種文化的基本反應模式，相當程度地制約了民族、國家、社會、文化的品質和競爭力。

生活在中國，你幾乎無時不刻地感覺到控制元素的作用，它也無所不在。大到經濟政策，小到日常瑣事。比如，巨大的火車站卻配上狹小的查票口，因為要控制人流。十三億人口中平均每百人就有一個人身兼某種督察職責，因為要控制另類行為。龐大的網路警察隊伍，因為要控制輿論。大學裡有學生糾察員，因為要控制男女生在公開場合拉手或接吻。超市出口要檢查發票，因為要控制偷竊。機場海關櫃檯安裝先進的旅客評分按鈕，因為要控制辦事人員對外賓的禮貌。

有些現象非常微妙，因為經過了七轉八拐，你幾乎看不出來那是控制心態的後果。舉個例子，一棟十幾層樓的住宅樓，只安裝了一部電梯。因為電梯「資源」是不夠的，五年之後，這大廈的多數居民都養成了一個習慣：等電梯時同時按亮上下鈕，不管自己是要上還是要下。背後的思維邏輯是：電梯門一開只要有空間我就擠進去，不管是上還是下，至少能先佔個位置。結果呢，電梯永遠在每層樓停兩次，向上時電梯裡永遠有要向下的人，向下時電梯裡永遠有要向上的人，時間及空間資源的浪費率幾乎一半。原來就匱乏的資源更匱乏了，現在真的擠不進去了。

今天中國的控制文化的源頭，並不完全是今天的政治。老百姓、他們的爸爸、甚至是他們爸爸的曾祖父，都已經習慣於被控制。若要分析源頭，可能連清朝都不到底，一直要談到漢朝去，題目實在是太大了。簡單說來，今天大多數的中國百姓，都徹底相信「控制有理」、「沒有權力就得被控制」。這個已經內化的價值觀，不論是自己遭遇事的時候，還是有權力在手要做事的時候，都是人們的「第一反應」。

這些讓外人無法理解的社會現象，其實只需用「控制有理」這原則，順藤摸瓜，大多數都可體會。人類出現控制行為是因為資源有限，中國長期的農業社會經驗告訴人，資源是「零和」（Zero-Sum）的，某人多吃一口飯，另一人一定得少吃一口飯。為了搶資源，我一定得進行控制；若資源被別人控制住了，我就得想辦法找他的漏洞「尋租」，否則我只有討好他讓他賞資源；如果我也是他的資源構成的一部分，那麼他也會分我一些好處，如果我不在他的資源地圖上，那麼我就會被遺棄。所謂「關係」，其實就是控制或不被控制的條件。

為了維持正當秩序，社會需要許多控制，中外皆然；在這情況下，控制是一種「必要的惡」。但在「控制有理」的中國，控制可以變化成所有不當的理由。可以說，有控制就有腐敗。今天在新聞媒體上看到的腐敗，從官員到學校到醫院到國企到外企，可說是無所不在，這道理很簡單，因為控制是無所不在的。

中國已經比較有錢了，其實已經跳脫出「零和」性的資源匱乏，但老習慣死得慢，還在用控制的心態進行成長之事，殊不知「控制」是「萎縮」的媽媽，「開放」才是「成長」的爸爸。

中國的社會控制，將把中國經濟發展帶入瓶頸，這也許發生在GDP五千美元時，也許在七千美元時。如同一位前輩高人所說：控制不會創造價值！

二〇〇九年十一月二十八日

尋租經濟：中國胖巨人需要大三通

三十年前中國甦醒了，西方國家原來擔心它會長成一個渾身肌肉的「綠巨人」，現在他們或許可以稍微鬆一口氣，因為中國正在長成一個渾身肥肉的「胖巨人」。這或許可以啟發好萊塢，在《綠巨人》(The Incredible Hulk) 電影式微之後，再塑造一部《胖巨人》（The Incredible Fat）的大片。

就在短短十年前，中國還初具綠巨人的氣勢，為何十年之間中國未能長成肌肉男，卻變成胖巨人？這是因為新肉雖然長得快，但每一塊新肉都需要運動才能長成肌肉；運動就需要足夠的養分及氧氣，但是中國這個巨人先天缺少了某種基因，導致了血管、神經及汗腺的成長速度趕不上新肉的生長速度。血管、神經不通，心臟只得使勁鼓動，最終導致了心肌獨大，靠近心臟的小部分長出了肌肉，其他的新生肉則變成了肥肉。

幾年前，胖巨人還只是有症狀；但今天病情已經發作。就在過去一個月之內，胖巨人在世人眼前展示了一場新陳代謝疾病的大戲碼：京藏高速內蒙至北京段堵車一百公里，百萬噸的煤炭連綿形成煤車長城，司機們吃喝拉撒睡全在駕駛艙和路邊解決；白天，附近村民急發機會財賣吃賣喝，深夜，路匪則打劫司機。

這並不是一次偶發事件，而是中國經濟血管、神經堵塞現象的「新常態」。中國的用煤量及產量與日俱增，但物流的順暢性卻沒有跟上。在用煤淡季的夏末還可應付，等到嚴冬來臨，限煤限電恐怕將成為常態。

煤的運輸，只是一個標誌性的例子。在中國，只要是流動的資源，就會染上相同的新陳代謝病症，舉凡人流、金流、物流、資訊流，都難逃「煤運」。以煤為例，它基本上是一個惡性循環：產量沒問題，需求也沒問題，但是血管堵住了。血管為什麼堵？因為行政收費割裂，一條高速公路，每隔一段就過一次磅，收一次費。費多了，運煤車就只好超載以降低單位成本；超載了，地方政府就開罰單，司機就塞紅包賄賂過關；賄賂有效了，就更加超載，路面就更加破壞，煤車因承重而拋錨在山路上的機率就更大。

煤炭運輸無法治理，因為流程中被割裂的環節太多；流程被割裂的原因，經濟學家叫作「尋租」，老百姓叫作「剝削」或「扒皮」。在今天中國，子女上學得經過層層的尋租，銀行提款匯款得接受銀行的尋租，看病上醫院得經過幾層的尋租才走得出醫院大門，打手機、上網得被壟斷運營商的霸王條款尋租，地方單位拿到上級撥款必須被中間尋租，政府單位則向百姓尋租。每次有人尋租，原本應該平滑的作業流程就必須被打斷一次，交易成本就增加一層。

官方資料說，在中國做生意的物流成本是百分之十四點五，遠比世界平均的百分之七點五要高，必須改進。然而，發佈該資訊的部門領導人在非官方場合透露說，他估計中國企業經營中的真實物流成本超過百分之二十。這指的還只是實體貨物的「物流」成本，如果再計入「人流」成本、「金流」成本、「資訊流」成本呢？在中國還要不要做生意？或者，不久之後只有高利潤、高作帳的國有企業才做得起生意？

無所不在的尋租，使得中國原本就細弱的血管和神經「寸斷」，同時各層級的掌權者、在位者又夜以繼日的在各地「造新肉」；國家的ＧＤＰ總肉量不斷增長，但是肥瘦比也不斷擴大。

綠巨人發飆，波及外人；胖巨人發飆，家人遭罪。西方的中國威脅論者，可能正在竊笑，還好中國無能整頓它的「大三通」。

然而，胖巨人需要來一次「大三通」：血管通、神經通、汗腺通！否則，再十年不到它會長成一個三百公斤重、在自己床上翻身都困難的大胖子。到中國的投資者，尤其是台灣的投資者，必須懂得找到那些比例越來越少的肌肉，若禁不起肉香的誘惑，不幸落入那些血管、神經、汗腺不通的肥肉堆中，固然肉香四溢，但長久可能因缺乏運動而死。

二〇一〇年九月五日

瑣事經濟學：中國經濟的人情成本

新近認識一位朋友，大家很聊得來，臨別時他說，我在機場做事，以後有機位問題隨時找我。不久前認識的另一位朋友說，我在某某派出所，幫的上忙就說話。一位做醫藥行業生意的朋友說，咱各大醫院的關係都還可以，需要掛號就找我。一位好友到處問人，有熟人嗎？我小孩想進某某小學。

一位女牙醫為我看牙到半途，突然有個看來和她關係很好的病人闖進來，說他今天沒有掛號，想拿某種藥。女牙醫打開抽屜，拿了幾管藥給他。然後回過頭極其自然地問我，你的費用能報銷嗎？我說我是自費，不是公費。她說，哦，那你就負擔一部分就好了。我開始不太明白，等我去付費領藥時，才恍然大悟。女牙醫把剛才給出的人情藥，一部分算到我頭上了。她很自然地認為，我已經和她熟到可以參加她的人情圈，而且我也應該明白，下次她會用某種方式補償我的人情。顯然這是無需言明的。

人情交易，每個社會皆有之。中國有，美國有，台灣也有。只要某種資源稀有，人情交易就會存在。但是在中國，人情交易已經不單純是因資源匱乏而產生的問題，而是普遍存在的結構性問題了。之所以稱它為結構性問題，是因為每一個人，上至達官顯貴，下至販夫走卒，都把資源握在手裡不放，作為人情博弈的籌碼。因為每個人都把資源握在手裡，所有的資源就都變成了稀有資源。

中國的經濟資源本來就匱乏，再加上所有人都把自己掌握的那一點握在手裡，再加上十三億人口的基數，因此所有的資源都變成了稀有資源，中國的人情交易或關係交易，就成為了經濟活動的主軸。

人情交易的成本非常巨大。一次人情能換幾次掛號？誰也說不清。幾次交易之後，就會有一方開始覺得不公平，糾紛和摩擦就隨之而來。一個入學名額值多少錢？得看關係深淺。搞關係的成本有多少？很難說，要看對方是何許人也。這就是為什麼在中國通常只有搞工廠才能賺到錢，因為生產流程中沒有人情交易，而一旦牽涉到市場推廣、銷售鋪貨、通路、品牌，人情交易的成本就直線上升。不懂得計算人情交易成本的外來人，壯烈犧牲的可能性極大。

在個人層次上，中國是個極其節省的社會；但在結構層次上，中國卻是個極其浪費的社會。再加上財產所有權模糊，百分之六十五的經濟交易都是公款交易，資本的使用效率極低。所以，稱中國的經濟為「資本主義」是個極大的誤解，因為中國從來不追求資本的效率。中國也不是社會主義，因為從社會主義的任何理論中，都找不到任何讚揚資源浪費的說法。

由於GDP是一種「肉即使爛了也爛在一個鍋裡」的統計方式，因此GDP的成長與資本的效率沒有直接關係。供求關係，也不適用於中國經濟，因為當供應量大時，不一定代表需求量大，需求量大時，也不一定會帶來供應量的提升。房地產價格上漲，未必就代表需求釋放，可能只是公款、地產商、銀行之間的關係交易使然；股票市場上漲，未必就代表信心的復甦，可能只是廉價的公款資金與券商、莊家之間的關係交易使然。人情交易或關係交易的作用，才是理解中國經濟的密鑰。

從生活中的些許瑣事，才能解密中國經濟。計量經濟學，在中國「僅供參考」。也許該有人創立一門「瑣事經濟學」了。

二〇〇九年八月十一日

第二節 看不見的手，看得見的國家

「國進民退」勢不可擋

二〇〇三、二〇〇四年間，大陸經濟學界有了一場大論戰，就是「民進國退」究竟是不是好事。大量的國有企業被民間企業收購或被MBO（管理層買斷），這個趨勢一直延續到大約二〇〇七年，可說是「民進派」得勢。但隨著種種微觀層面的弊端出現，「國進派」拿出了許多宏觀層面的道理，開始收復失地，到了二〇〇八年，很清楚地看到「國進民退」的勢頭高漲，尤其是在國際金融危機之後。從種種跡象看來，中共已經得出結論：私有化的「非公」經濟，無法作為中國經濟持續發展的主幹，「公有」經濟才是出路。

這種看法在國際金融危機後的經濟刺激方案中表現得淋漓盡致。中央宣稱將拿出四兆人民幣來刺激經濟，但隨後事實上只拿出了兩兆多，已經海外上市但國有仍佔大股的銀行界拿出了八兆信貸。這十幾兆的額度絕大部分流向了地方政府和國有企業，相當一部分又違規流入了股票和地產業。這裡面的「相乘效應」沒有人能夠全面地搞清楚，所有的金流都要透過銀行，大量金流又使銀行的準備金攀升，銀行又以十倍的額度貸出，市場炒作資產「升值」後，借貸方又再「二胎」貸款，如此反覆流竄，誰也不知道泡沫多大。非官方的經濟學家再三提出警告，甚至招商銀行董事長秦曉也不顧身分大聲疾呼，但國家機器一旦啟動，各級政府及國有企業爭相搶食，勢頭難以控制。二〇一〇年的「刺激信貸」額度已經定在七兆元以上，這場盛宴看來至少還會持續一年。

當年的「民進國退」出了什麼問題，導致政府以如此泡沫化的代價來推動「國進民退」？民營企業家與官府人士形成官商勾結、暴富者為富不仁等微觀因素是其一，民營企業偷稅漏稅是其二，官家利益者意欲壟斷行業利益是其三。宏觀上，民營企業過去的最大社會貢獻就是提供民工就業，但這個優勢也隨著全球外貿萎縮而逐步喪失。

但是，更重要的一個原因是，中國已經進入了「大國發燒期」，從這一角度看，經濟需求輸給了政治需要。為了大國的崛起，中國必須有巨型的企業在國際上馳騁，而民營企業的體量太小，不夠用了。

從鋼鐵、通信、煤炭、石油、金融、汽車、建築到出版、媒體，影視，幾乎所有的行業，中國都至少要擠進世界十強。這解釋了大型國企何以瘋狂地進行國際收購，還有境內快速進行的「國吃民」行業整合。

有人以為，「國進民退」只存在於傳統行業，新興行業如網路不在其內。錯了！只要有意志，就會有辦法，而當意志背後有權力的時候，意志就會勝利。網路這麼大的一塊蛋糕，多少有權力撐腰的人士在覬覦啊。美國上市的阿里巴巴集團，旗下的「支付寶」業務已經是中國最大的網上支付系統，中國六大國有銀行都要屈就於它，但創辦人馬雲卻表態說，他隨時準備被國有，因為「金融就是政治」，很有一股民不與官鬥的認識和器度。之前官方強硬推出後被抵制的「綠壩」系統一旦實施，所有的網路業務都會受其制約，在不堪其擾的情況下，相信很多網路業者都會接受國有控股，而中國的國有系統中不乏實力派可以接手。在新興的3G產業或更高的無線網路業務，國有控股的態勢則更加明顯。

絕大多數的台灣企業，包括台灣政府手中的企業，在大陸國有企業面前都是「中小企業」。在與大陸的經濟聯繫即將深化的當下，台灣當政者該用何策略對應呢？

二〇〇九年十二月三十日

國家至上：超重巨人再度失調

達文西曾經論證，以人類這個物種的骨骼肌肉特質來看，人體如果等比例增長到一定程度，他就會被自己的體重壓死。因此，不可能有巨人。

三十年前，中國共產黨認識到，如果不對當時社會的資源分配方式及生產方式進行變革，中國的體重就會壓死自己。這一認識，讓中國站了起來。站了起來，但整體體重並沒有減少，眼前的關鍵問題是，至今為止的變革程度，能不能讓中國在站起來後還能跑起來？

很多跡象顯示，中國這個巨人站起來之後，腦子發熱了，逐漸忘記了自己可能被自己的體重再度壓倒。這個巨人，似乎相信自己不必再繼續調整骨骼與肌肉之間的關係，就可以等比例地成長。

在經濟領域，過去三十年內中國的生產方式改革，以及社會資源分配對民間的開放，兩者是並進的。「改革開放三十年」這句口號，形容得非常精確。很奇怪的，在二〇〇七至二〇〇八年期間內，說不上來從哪一件事開始，中國經濟路線的兩條腿出現了跛腳；生產方式繼續追求先進，但在資源分配上對民間出現滯後。二〇〇八年底世界金融危機爆發後，對民間開放資源的這條腿，不但沒有前進，幾乎是開始往後走。照這形勢發展下去，另一條腿，也就是生產方式的先進性，肯定會受到拖累，巨人的重心會開始搖晃。

弔詭的是，二〇〇七、二〇〇八兩年股市和樓市的狂漲，並不是巨人健康的表現，而正是其資源分配開放開倒車的結果。十幾年來全體社會創造出的財富被集中於政府，因此外匯存底爆增，財政收入巨漲，透過中央撥款，國有企業成為巨富，地方政府瘋狂變賣土地斂財，導致土地相關收入佔到財政收入的百分之六十五。國有企業及地方政府的剩餘資金，透過種種合法和不合法的通路炒股炒樓。另一方面，民營中小企業深刻感到弱勢之餘，手頭資金脫離本業轉而投入股市樓市。一時之間，國有及民營資金相互追逐，創造了前所未有的股市和樓市泡沫。

在金融危機之前，中國的資源分配就已經由三十年前開始的「國退民進」轉向了「國進民滯」。金融危機發生之後，「國進民滯」進一步變成了「國進民退」，資金及資源嚴重地向國家機器傾斜。財政支出吃緊，無法應付四兆元的「刺激內需」撥款？沒有關係，還有國家控制的銀行系統，開放貸款就解決了。二〇〇九年第一季度的貸款金額就超出了二〇〇八年整年的數字，其中百分之九十五的錢貸給了地方政府和國營企業，民營企業分不到百分之五。地方政府及國有企業三個月就從銀行拿到了整年的錢，一時花不完，怎麼辦呢？總不能再放回銀行生利息吧？你猜對了，放到股市和樓市去。所以，中國的樓市、股市泡沫又抬頭了。中央不知道？當然知道。但中央需要向國內百姓宣傳「中國經濟已經領先全球觸底回升」啊！

也許中國共產黨認為，「國退民進」只是一個階段性的戰術，長期的戰略還應該是「國進民退」。如果是這樣，中國這個已經站起來的超重巨人，可能會因為骨骼和肌肉之間的比例再度失調，從此只能蹣跚挪步。

二〇〇九年七月二日

用右腦臆測二〇一四中國經濟

之所以稱為「臆測」而不說「預測」，因為依據的不是數字，而是結構和現象。對於那些根據各種數字來分析、預測中國經濟的腦部活動，可稱之為「左腦經濟學」，而這兒所做的推論，主要是基於對模糊現象的鳥瞰式觀察，或可稱之為「右腦經濟學」。

再來要聲明的，二〇一四年只是個注意力定位點，它可能是二〇一三年，也可能是二〇一五年，然而，這總比用「短期」、「中期」、「長期」來的負責一點。敢於單挑出二〇一四作為時間點，實在是因為右腦觀察告訴我們，中國經濟大樓的地基，已經不可能再容許按照原來施工圖一層一層地搭建下去了。這棟大樓，若分層計算它的應力，每一層可能問題都不大，若從不同立面來分析，大樓或許也都還立得住。但是，若站遠一點看，誰都可以看出這棟大樓若不改變結構、不改變樓內人群的重量佈局，將支撐不下去。作為長期鳥瞰大樓變形的人，加上對大樓業主心態之觀察，我感覺一場大震動將在二〇一四前後到來。

中國經濟大樓的「基本工法」，近五年來出現轉折。改革開放的頭二十幾年，大樓的施工法是「肥地方、瘦中央」，「肥民間、瘦官府」；在這工程結構下，大樓雖然違章建築四起，但地基是穩固的。近五年來，為了「超英趕美甩日」、「大國崛起」，中共中央啟動了集中力量辦大事的國進民退路線，開始「瘦地方、肥中央」，「瘦民間、肥官府」。舉國大事一件一件的辦，奧運、亞運、世博、高鐵、航母、孔子學院，餓壞了的地方只能秦瓊賣馬，搞起了土地財政、賣官鬻爵。金錢、權力的集中，當然帶來了腐敗及貧富差距，民怨四起，於是中央又不得不全力推出諸如全國性的醫保、全農補貼、全民漲薪等國策，以求維穩和諧。

若形象的比喻，中國經濟現下是「一頭兩體」的體質；「一頭」是中央，兩體是當前民生所需，以及那些無關於當前民生的長期投資。曾有一度，兩體似乎堪可兼顧，然而當察覺難以兼顧時，招式已然用老。這種蠟燭兩頭燒的局面，不可能持久，中國勢必將出重手。

當中國中央政府對經濟下重手時，將會出現什麼狀況？作為投資中國的個人或機構，你臆測得越多，就越能及早採取對策。

首先，依據大樓業主，也就是中國中央政府，一貫的應急模式，第一個反應就是收緊甚至切斷境外勢力對境內的影響力。在機構層次，ＱＦＩＩ（合法境外投資人）政策將緊縮；在貨幣層次，人民幣匯率將凍結，自由兌換的進程將止於貿易經常帳結算，國民外匯購買權利將收緊或中止。阻斷了境外環境對境內的影響力之後，中國政府就可以大開大闔地調整內部結構了。

外商投資部分，估計除了能夠大量提供就業的行業或高新尖科技，其他都會降緩或制止。

省市級地方政府的建設權力將回收中央，改由巨型央企運行實施，因而創造出更多「富可敵國」、「權可傾省」的中央企業集團。地方資源進一步回歸中央之後，地方財政的缺口將以舉債填補，然而舉債對象並非已經超貸的銀行，而是手中還有閒錢的百姓，形式類於「省債券」或「市債券」。股票市場則再度擔任起收斂百姓財富的重任，但這一次不會採取股價瘋長吸引游資的路數，而是透過快速增加上市公司家數藉以招降民間遊資。

至於外界最關心的房地場市場，估計將由「打壓房價」路線轉向「獲利歸公」路線；房價漲了，正好鎖住富人手中的閒錢，房子賣了，正好補貼政府財政。

對二〇一四中國經濟的臆測，可以總結為以下。財政上：回收百姓閒錢，中央統籌分配；金融上：銀根收緊，官企優先；貨幣上，凍結貨幣匯率，收緊外匯流通；房產上：放牛吃草，擠奶歸公；股市上：增加家數，指數維穩；宣傳上：國際揚威降溫，國內高唱愛國。

這場景可能倒了你的胃口，但還好，它只是臆測。

二〇一一年四月二十七日

中國「零和世界觀」再度冒頭

固化的情緒狀態讓人經常看到敵人；開放的情緒狀態讓人經常看到機會。零和（Zero-sum）的經驗往往另人看到對手；成長（Growth）的經驗往往另人看到夥伴。

兩百年來，中國人的情緒是固化的，經驗是零和的；因此，中國人很容易看到敵人和對手。曾經有十幾二十年，中國人決定把任何事情都看成是機會和夥伴，這帶來了史無前例的高速成長。但從二〇〇八年開始，一連串的內外事件，又喚回了中國人的零和意識，好不容易融化掉表層的固化情緒又開始結晶。

世界金融危機之前，中國享受了近二十年的超高速成長。經濟總量的暴增，讓外人忽略了中國巨大人口基數的事實。兩兆美元的外滙存底，貌似驚人，但均攤到十三億人口就毫不顯眼。三千美元的人均GDP，實在還在窮國之列。早在金融危機爆發之前，中國經濟就已經出現了嚴重的結構性失調，主要表現在城鄉經濟的加速分化，貧富差距的擴大，民營企業脫序，官商體制腐化，政府財政百分之六十五依賴房地產，佔人口百分之七十的農民及民工消費力低落等等。如果世界金融危機晚發生三五年，中國便必須實事求是地面對自身的體制改革問題。

不幸的是金融危機發生了。稱之為不幸，並不是因為它打擊了中國經濟的發展。事實上，由於中國的金融行業還處於半封閉狀態，金融危機並沒有打擊到中國經濟的實質，反而是相對性地提高了它在世界的經濟排位。稱其為不幸，乃是因為西方金融危機大大地打擊了中國國內對體制改革的呼聲，使得正在改革十字路口的中國走上了一條難以回頭的路。

二十年前的中國處在一場激烈爭論的風口浪尖：究竟應該用「成長」的價值觀搞經濟，還是應該用「零和」的價值觀搞經濟？西方究竟是中國的「對手」，還是中國的「夥伴」？隨著「成長派」的得勢，中國邁進了十幾年的飛速成長。一度，國際輿論界曾斷定中國的開放方向已經不可逆轉了，世人興奮之情溢於言表。

世人忽略的是，經濟改革到頭來脫離不了政治改革，尤其在政治掛帥了幾十年的中國。中國固然也進行了若干政治的體內改革，但隨後越來越明顯：政治體制的改革遠遠落後於經濟進展，經濟的活力就像發育中的少年，原有的衣服再有彈性也包不住他了。知識份子、學者、企業家開始大膽地啟動論戰：種種「經濟」的結構性問題，根源其實是「政治」的結構性問題。

不幸發生的世界金融危機攪亂了這場論戰的焦點。自二〇〇八年開始，中國的意識形態明顯地轉向了「零和」價值觀。官方媒體及網路上充滿了如下的思維：世界的成長速度制約了中國的成長速度；全球的貿易是有限的，中國已經面臨天花板；美元霸權消耗了中國的財富；西方運用逼迫人民幣升值來奪取中國的財富；西方渴望看到西藏、新疆獨立；哥本哈根氣候會議是西方聯合圍堵中國發展的陰謀；石油就要用完了；印度、東南亞是妒嫉中國的；軍事力量是中國最終突圍的出路。

執政者也明顯得到一個結論：要抵禦西方對中國的威脅，唯一的辦法就是進一步集中國家資源，加強國家對社會運用資源方式的控制，包括資訊資源。

是的，中國經濟在未來三年將面臨嚴峻挑戰，但是，回歸零和價值絕對不是出路。中國共產黨的歷史任務應該是改變中國人文化中的零和思維，而不是利用它來管理百姓。

兩百年後的史家回過頭看二十一世紀初期的中國，可能會嘆息，「到底沒能過那個檻」。歸責於歷史慣性？歸責於當時執政者思維？還是二者本來就你中有我，我中有你？

二〇一〇年一月二十一日

中國巨物由單細胞邁向多細胞

一個單細胞生物，何時演變成為一個多細胞生物？關鍵在於細胞核；如果還只是單一的細胞核，那麼不管細胞長到多大，它還只是一個單細胞生物，但若出現了兩個、三個甚至更多個細胞核，那麼它就開始向多細胞生物邁進。

二〇一一年，乃是中國這個巨物由單細胞演化成為多細胞的裂變年。裂變的啟點不在政治，一黨專政還是一黨專政；裂變點在經濟，更準確的講，在經濟中的財政權力。

歷史上說中國分久必合、合久必分。這個說法，在現代必須糾正。過去的分合，說的是政治，統一帝國分裂為幾個小國，幾個小國又被武力統一為一個帝國。這種路徑，應該已經成為過去。今天及未來的新狀況是，一個巨大的集權經濟體，在政治統一下分裂為幾個經濟自治體，相互在統一的政治平台上競爭資源。至於這幾個經濟自治體將來還會不會重新組合為一個單一的經濟體，富裕地區的老百姓大概不會答應。要知道，在中國，要老百姓放棄政治權力容易，要他們放棄口袋中的鈔票很難，除非大規模的流血。

裂變年為什麼是二〇一一？因為在這一年份，上海、浙江、廣東、深圳已經獨立自主地發行債券了！用地方債券來拯救中央財政，已經談了許多年，但二〇一一是實施迸發年。富裕地區與貧困地區之間的糾葛，在中國已經存在千年，最終都以政治上統一分配資源作為解決方案，也就是歷史上的分久必合。集權帝國帶來中央腐敗，地方不服，於是又分。這個歷史教訓，邁入二十一世紀的中國共產黨，應該已經吸取，為了維持執政地位，它開始嘗試一個人類史上亙古未有的新模式：政治上集權，經濟上分權。

富裕地區一向來不滿中央「劫富濟貧」，例如上海市就曾被壓榨長達十多年，淪落為中國最晚對外開放的城市；浙江，很長一段時間內負擔了中國百分之五十以上的稅收。多年來，中央對地方都實施「收支兩條線」政策，也就是地方收入先匯總到中央，中央再透過撥款計畫控制地方支出。這有點像丈夫把薪水袋原封不動交給妻子，然後妻子再每週給丈夫零花錢。朱鎔基總理在任內雖然提高了地方政府的自留額度，但一直以來，基本機制並未改變，直到今天。

能否獨立舉債，乃財政是否獨立的最終指標。如果被容許獨立舉債，地方就可以給自己一張大大的信用卡，把將來的錢挪到今天來用。聰明如中國人，一旦擁有了一張這樣的信用卡，面對詭譎的未來政局，一定是或公或私的儘快把額度用盡，然後再要求中央增加額度。

富裕地區獨立發行債券，如果還是中央擔保，那麼就完全失去了其財務意義；然而，如果中央不擔保而地方獨立擔保，那麼地方日後就完全有理由拒絕承擔某些中央交代的財政任務。因此，此次四大富裕地方政府所發行的債券，接下來是否由中央擔保，就成了觀察中國未來權力結構的關鍵指標。

二〇一一成為地方發債的突破年，接下來幾年一定走得跌跌撞撞，產生許多地方與中央角力的大戲碼。然而，中國的發展已經使得中央集權財政不可能持續，大勢所趨，富裕地區的財政獨立細胞核增生不可避免。

這會讓中國的政治更讓外人看不懂。有志之士必須維持多細胞體的平衡，或成為地方細胞核的主宰者，或成為中央的地方制裁者，遊走於單一的政治平台之間，確實難為。在中國政壇上，必須具有川劇變臉的功夫，看似戴著地方面具，扭身一回頭就變成中央面具，反之亦然。

政治單細胞核，經濟多細胞核，這樣的生物能夠發達嗎？逐步邁向財政獨立的富裕區域，未來會不會威脅到統一的政治平台？百年後的史家可以給人類答案。

二〇一一年十月二十二日

第三節　西方人解釋不了的中國經濟

社會主義市場經濟＝圓形的方塊？

二十世紀初，曾有學生追問英國邏輯語言哲學家羅素，什麼叫作「概念上的不可能」？羅素回答：「圓形的方塊」就是不可能的，雖然這個名詞完全符合文法。

語言是可以自由組合的，這給了人們極大的混淆空間，尤其對政治家，還有那些依附在政壇的學問家。某些概念確實具有「可拉扯」的餘地。例如，「Turkey」生物學上明明與鴨子同屬一類，但到了中國就被翻譯成「火雞」，只因它倆長得像。還有些概念是矛盾的，但人們也就馬虎將就了。例如，自從人造皮被發明之後，鞋子開始有了「真皮皮鞋」和「人造皮皮鞋」。另有些概念的組合是為了幽默，例如義肢公司的廣告中說「謹防假冒」。

中文屬於可任意做字詞堆砌的語種，為了「與國際接軌」，中國人把中文的這個特性發揮到了極致。例如，一方面覺得非市場力量不行，一方面又覺得必須掌控資源，好辦，就叫它「社會主義市場經濟」！

在這方面，我佩服孫中山先生的真誠。他屬於中國第一批企圖與國際接軌的人士，但他並沒有偷懶，把他的思想稱呼為「中國式的民主」，而是推出了「三民主義」的新概念，自立品牌。相較之下，自鄧小平以降的中國領導人實在太懶惰了，每次都無創新，張口就來，什麼「社會主義市場經濟」、「中國特色的社會主義」、「社會主義民主」，搞得人不知道它究竟是火雞還是雞，真皮皮鞋還是人造皮皮鞋？圍繞在領導周圍的文膽和智囊們，也因為缺乏現代思想，或是出自書生膽怯，於是一層一層、一套一套地搭建概念組合，實在不倫不類。

近三十年的中國政府有沒有經濟成就？當然有。政治有沒有進步？也有一些。在經濟及政治的作法上，有沒有人類歷史上的創新？也不能說完全沒有。摸著石頭過河就是摸著石頭過河，為何非得急於宣稱自己具有一套邏輯嚴謹的理論框架？

以「社會主義市場經濟」這個詞為例，市場是西方經濟學下的嚴格概念；有價格才有市場，而有產權才有價格。而中國大量的企業產權不清，政府對價格無所不管，從油價到電價到機票到豬肉青菜，何「市場經濟」之有？「社會主義市場經濟」這個合乎中文語法的詞，差不多就等於是「圓形的方塊」。

再如，「協商式民主」。把三權分立和公民投票這兩個特性拿掉了，還能稱為民主嗎？就如中國的春節晚會上趙本山先生說的笑話：一人抓蛇，蛇躲入水中，一會水中爬出一隻烏龜，該人大笑，說小樣的，你以為你披上一層馬甲，我就不認得你了？蛇披了甲，成不了龜；龜卸了甲，也裝不了蛇。

中國已經取得某些成就，何苦讓民族主義的自尊心擴大，事事都宣稱已經與西方接軌而更優於西方，徒然見笑於世界呢？中國共產黨的治國理論，完全還在摸索中，那就大大方方地承認吧。這樣人民會更容忍你，世界會更接受你。

對於還在發展中的，幾乎不可解的現象，科學上會給予一個不牽強附會的稱呼。例如，冬暖夏涼的怪異氣候，人類還不知道它的原理，乾脆稱為「厄爾尼諾」現象；這樣，概念是開放的，其內涵是可以隨著知識、經驗的進展而收放的，最重要的，關心它的人們是可以自由探討的，不必害怕被權威名詞一棒子打死。

中國的既有成就，如果沒有更恰當的稱呼，何妨就稱為「摸石主義」？這顯示了中國是一個正在探索的國度，甚至不排除若干世代後，發展出一種對人類未來具有巨大貢獻的「XX主義」。

顯然，中國共產黨在理論構建方面的誠實度，輸給了一百年前的孫中山。二〇一一年是辛亥百年，共產黨能否真誠地拋出一個新概念？那將是對孫中山先生的最高敬意了。

二〇一〇年十二月十八日

中國「經濟」何以變成「伊魔諾奇」？

對於近年來地球氣象上的反常現象，全球學者撓頭無解，故賴皮地向南美印地安人借了一個詞，統稱為「厄爾尼諾」現象（El Nino聖嬰）。因為現象神祕，「厄爾尼諾」聽起來也挺神祕的，傳統氣象科學暫時解釋不清，大家也就將就了。

與此相類似，中國「經濟」也挺神祕的。該冷的部門狂熱，該熱的部門冰冷；該出問題的不出問題，不該出問題的問題百出。明明內部困難重重，ＧＤＰ卻「領先世界走出金融危機。」

經濟學是一門解釋性的科學，它至少得要能夠解釋已經發生的現象；如果連已經發生的現象都解釋得漏洞百出，就更本談不上「預測」了。拿一個解釋能力都很薄弱的模型來批判中國政府的經濟政策，就更加荒謬。

然而，這正是西方經濟學界面對中國經濟的現狀；它們的慣用模型、派別理論都解釋不了中國經濟中的「厄爾尼諾」現象，就像傳統氣象學解釋不了氣候中的厄爾尼諾現象。有人說，中國是計畫經濟，或社會主義經濟，西方的市場經濟或資本主義經濟模型當然解釋不了中國。許多學院派及官方的中國學者就持此看法，試圖建立一個「社會主義經濟」的解釋模型。

全球的經濟學者面對中國經濟時已經進入了一個「集體蛋頭」的狀態，或者一種面對國王新衣時的「集體失語」狀態。他們沒有看到，或看到了而不願說出來的是：中國政府，尤其是地方政府，其實在靠做生意維持其政權的運轉及穩定。當政府成為一個國家做生意的主體時，只會有「經營模型」不會有西方學術傳統下的「經濟模型」哪怕是「社會主義經濟模型」。

任何可以稱得上經濟學的東西，不論是追求利潤的市場經濟，還是追求生產者幸福、公平分配的社會主義經濟，都必須以一套機制及其穩定性為基礎，政府的角色是這套機制的管理者、裁判者。而今天的中國政府自己在踢球，同時又是遊戲規則的制訂者和裁判；一場足球賽中，兩隊二十個球員中各有七個兼裁判和進球罰球規則的制訂者，這場球該怎麼踢呢？獨立球員再厲害，又怎能憑技能射門得分？

當然，球總是要踢的。球員儘管都有某些裁判權和規則權，但他們都遵守一個至高無上的潛規則，那就是「官大錶準」；既然大家的手錶快慢不一，那麼最大官的手錶就是標準。

中國「經濟」中的核心動力，不是「市場」、不是「資金」，而是「權力」。固然市場和資金也在產生作用，但這是一個番茄炒雞蛋還是雞蛋炒番茄的問題，前者是九分雞蛋一分番茄，而後者是九分番茄一分雞蛋，不可混為一談。就像「黨指揮槍」是政治最高原則一樣，權力指揮市場和資金，也是中國「經濟」的最高原則。也正像「黨指揮槍」可以被諒解為無奈之舉，意味著槍若不置於黨之下，中國就要亂了；權力指揮市場和資金也可以被理解為一種無奈之舉。

無奈歸無奈，那畢竟是事實。中央政府單位在做大生意，地方政府單位在做小生意，政府人員憑藉權力在做隔壁生意，這些都是事實。不管是以權謀私還是以權謀公，這種體制結構下是沒有經濟學可言的。西方經濟學者若真要理解、預測中國的財政、金融、通脹、利率、外匯、匯率、M1、M2、股市、房市、車市，必須把中國政府當作一個巨型的壟斷企業來看，總部的最高指導原則就是保持壟斷地位，地方子公司上有政策、下有對策，為自己打算盤，而總部信不過地方，因此在各地同時設立直屬分公司；不管是子公司還是分公司，高管們經常得回到總部接受政策佈道及思想統一。不聽話的，總部有中紀委對付。

顯然，西方稱作為ECONOMY的經濟學不能用來形容中國經濟這樣一種運作方式。無以名之，只好賴皮地把ECONOMY倒過來，稱之為YMONOCE，伊魔諾奇是也！夠神祕新鮮吧？

二〇一〇年三月二十三日

拿漢堡包評價叉燒包

近半年來，國際上對中國經濟的未來看法出現兩個極端。「悲觀大師」錢諾斯（Chanos）曾獨排眾議，預測安隆垮台，這次他認為中國的泡沫是迪拜泡沫的一千倍，因此開始賣空中國。此外，大量的實務派經濟學家認為，中國正處於類似日本「二十年低迷期」的前夕。另一方面，也有大量的評論家主張，「一個握有二點四兆美元存底的國家不可能垮台」，「中國政府正有計畫地打造基礎建設，為下一波經濟高速成長做準備」，甚至「中國是全球經濟復甦的發動機」。

我的判斷是，未來三至五年，從西方人擅長採用的宏觀數字上來講，中國經濟不但不會垮台，而且還會數字成長。但在現實的微觀層次上，中國經濟將充滿了動盪及風險。

一大堆微觀層次的悲觀，疊加起來可以變成宏觀層次的樂觀？這是什麼經濟學？無以名之，只能稱作「中國特色經濟學」。西方人實在還沒看懂中國特色，因此宏觀者看到「恢宏的計畫」，微觀者看到「即將破裂的泡沫」。

中國經濟充滿了西方經濟學所說的泡沫，這是毋庸置疑的。消費內需無力，那就搞「官需」，一傢伙四兆人民幣搞未來建設；百姓購買力不足，那就刺激供應方，勒令銀行貸出十兆，哪怕大量的項目僅僅是低層文員用Excel胡亂加減乘除得到的「未來遠景」。

西方人不明白的是，中國的「泡沫」不是自由經濟下的泡沫，而是國家集權經濟下的被控制的泡沫。「中國式泡沫」的產生是政府行為，它的速度、大小，都在政府的意圖內，因此談不上破裂。拿什麼流動性過剩、「加減息」、通貨膨脹來分析預測中國經濟，根本就是拿漢堡包的標準來評價叉燒包。

在集權經濟下，中國的「可控制項」數量遠遠超過自由經濟。在中國人看來，美國政府在調控國內經濟上是極其可憐的，只有財政工具和貨幣工具，連利率這樣的政策性工具都還要看聯邦儲備局的臉色。中國經濟中的可控制項則有數十、數百種。隨手舉例：外匯控制匯入匯出、人民幣存款不限但取款每日限額、物價控制、各種臨時規費、各種臨時補貼、工資管制、土地生財、政策寬緊由人、隨時頒佈的一條鞭貸款鬆緊政策、有選擇性的法辦民營企業、一夕之間某些行業收歸國有，等等。

在集權社會中，權力的結構決定所有其他資源的結構，包括經濟活動。中國已經累積起來的財富總量，在行政指令的「指哪打哪」體系下，足夠它維持局面許多年。所謂的「八個茶壺五個蓋，蓋來蓋去不穿幫」，關鍵是蓋子的指揮自如。這也是過去一兩年執政的共產黨揮出重拳保障黨內紀律的不得不然。

中國經濟與西方經濟在管理上的根本差別，可以這樣比喻：西方的主政者就像在玩一款智慧遊戲，遊戲中的所有角色都有自我意志，玩家只能透過非常有限的按鈕設定，來影響各個角色的行為。而中國的主政者玩的是一款角色都聽從指揮的遊戲，遊戲機上佈滿了成百上千個各種特色按鈕，還有無數個可隨時自我定義的「功能鍵」。

拿西方遊戲機上的有限按鈕，來分析預測中國特色遊戲機操作者的得分勝敗，是不是有點可笑？

作為崛起的大國，中國的執政者絕對不會容許西方看到西方定義下的「泡沫破裂」，統計上就不允許。實質上呢？中國的新富階層隨時有心理準備接受放棄一部分財富，因為當時就得來不正，而廣大的百姓階層的生活幸福感主要來自與過去的對比，他們能夠很無奈地接受停滯或稍稍退步。與美國不同，中國官方可以透過接收社會財富來直接控制「泡沫」。

有效集權的經濟體中沒有泡沫，只有失手。

二〇一〇年八月七日

先有權力膨脹，才有經濟通脹

這一年來，討論中國通貨膨脹原因的文章不下千篇，甚至超過萬篇，其中很大一部分透過利率或貨幣供應量來論證、預測中國通貨膨脹的走勢。一套一套的邏輯，都是貌似市場經濟或財政金融的嚴謹分析。

然而，很不好意思地說，這些文章中的大部分都是虛偽的，它們可以達到某些安撫人心或刺激討論的效果，但若拿它們作為判斷中國經濟未來的依據，無異於緣木求魚。

把問題直截了當這樣點破，確實會冒犯很多人。但是，正如一向直言的經濟學大家張五常先生最近在他的部落格中點出，利率以及貨幣發行量與實體經濟之間的關係，是極為複雜難測的，全世界可能只有極為少數的天才才能窺其堂奧，莫說中國，連美國都還在瞎子摸象中；言下之意，奉勸諸多「經濟學家」莫要從利率及貨幣供應理論來企圖預測、控制中國的通貨膨脹。

其實，張五常先生基於客氣，話已經多有保留了。中國國內的各路經濟學家，好用市場經濟理論中的利率、貨幣公式套在中國經濟之上，這行為事實上還稱不上瞎子摸象，而其實是指鹿為馬。

在二〇〇八年金融危機之前，英國《經濟學人》雜誌記者曾訪問時任遼寧省委書記的李克強，問他如何判斷中國經濟是否過熱。個性率直的李克強當下說，他從來不相信官方的總體經濟資料，他只看三個真實的關鍵數字，即鐵路的車皮運量、銀行的放款量、以及各地的發電量。這回答無異打了那些靠總體經濟分析的專家們一巴掌，隨後李克強出任國務院副總理後，這篇當年的報導被挖了出來，著實令他難堪了一回。

現任國務院副總理的王岐山，也是直率口快之人。當年他還是北京市市長時，曾經對那些誇讚北京市容的外賓直說，你們看到的都只是北京環線主路兩旁的高樓華廈，建議各位到高樓後面的胡同裡看看，你就知道北京市離現代化還很遠。

李、王二人現都身居副總理高位，不會再那樣的直率發言，但是負責經濟事務的他們，至少至今還不會指鹿為馬。或許他們看到那些硬套西方市場經濟理論的分析報告，心裡也會不以為然，但位置已經使得他們不能再直言。

說某些經濟學家虛偽，因為他們心知肚明，中國通貨膨脹的根本問題不在什麼利率高低、貨幣供應量，而在其權力體制，通貨膨脹的根源在權力膨脹，各種官方資料及其解釋，也是為權力體制服務的。

更可氣也更危險的是，由於這批虛偽的專家長期來套用西方經濟理論，許多憂國憂民的圈外知識份子已經失去了對實質問題的話語權及定義權。這些知識份子也許不太懂西方經濟理論，但是他們知道事情的本質，例如中央與地方的權力角力如何創造出龐大的地方債務，土地財政背後的權力盤剝如何刺激房價及物價，各種維穩性質的補貼為何是飲鴆止渴等等。試問，當絕大多數貨幣流通掌握在國有企業體系內時，當最高權力者可以手批條子控制貨幣動線時，市場概念下的利率或貨幣供應總量還有任何意義嗎？還能作為「市場預測」的依據嗎？

為了還原真相，我們或可要求那些經濟專家們，以後在運用利率或貨幣供應量時，必須不厭其煩地加上形容詞，稱為「中國特色的利率」及「中國特色的貨幣供應量」。這乃是有章可循的，「民主」在中國不是已經被定性為「中國特色的民主」了嗎？

二〇一一年九月四日

第四節　常識才能看懂的中國經濟

誰能讀懂中國經濟？

諾貝爾經濟獎得主保羅克魯格曼來北京演講，記者會上有記者問，中國經濟是否已率先全球觸底反彈？他說，從中國公佈的數字看來，政府的刺激內需計畫已經出現成效，但是在出口急劇下滑的同時，內需補上的速度如此之快，「實在超出了我的理解能力」。

中國的經濟讓諾貝爾獎得主看不懂，他不是第一個。多年前，另一位諾獎得主弗里德曼造訪中國時，也表示無法對中國的經濟發表意見，「因為我看不出來誰在用誰的錢辦誰的事」。

當然，他們不會是真的沒有看法，只是這些看法難免要牽涉到經濟學之外的領域，他們的經濟學者角色不好說。

主流官方機構的領導一直散發著中國經濟已經「企穩」的資訊及統計數字，但在報章經常能看到豆腐乾大小的幾十字報導，同一機構的中層幹部，尤其是中層研究人員，說出和他的領導完全相反的看法。自金融風暴發生以來，百姓已經被各種矛盾的資訊搞的暈頭轉向。國家統計局的數字說北京的房價降價了，北京市統計局的數字說北京市的房價漲價了，兩者正負差可以達到十個百分點。政府說工資平均上長了百分之十一，百姓說沒有啊，我怎沒感覺到？

其實都對，你對，他對，我也對。中國根本還沒有到用數字施政的階段。使用數字是現代化的、是進步的，因此，「你要什麼數字？我做給你」。數字，就是政治。要讀懂中國，一定要養成從數字變化的背後嗅出政治動向的本領。

數年前，一位台灣風險投資經理考察一家工廠的經營，工廠領導告訴他，今年的成長可以達到百分之八。考察完畢之後，該經理對百分之八的數字表示懷疑。人情世故通達的領導笑著對他說，先生，您不用懷疑，我如果做不到百分之八，朱總理承諾的百分之八從哪裡來啊？

奧運前，北京市公佈了空氣品質全部達標的報告。國際奧會指出，北京把原來放在天安門附近的測量站搬到了郊區昌平，避開了車水馬龍區域的數字。當然，北京市斥為無稽之談。

中國對官員的考核非常非常數字化，因此玩數字藝術成為官場的必備技能。例如，中央要求城市人口必須達到某個比例，很簡單，把鄰近鄉鎮劃進城市，農村人口立刻就下降了，城市人口立馬就上升了。國家就業形勢究竟嚴不嚴峻？不太嚴峻，只有百分之四的失業率，因為農村的不算，農民工離開城市的越多，失業率就越下降。待業農民，不算失業。

ＧＤＰ你要多少？佔據經濟總量百分之六十五的國營企業之間互開發票，就能提升ＧＤＰ。網路上有笑話說，兩個國營企業的老總一起出去郊遊，路上相互較勁。甲老總看到地上一堆狗屎，說你要敢把它吃下去，我就買你十個億的貨。乙老總賭氣不示弱，當場就抓起狗屎吃了下去，說錢拿來，我給你開票。幾天後，甲老總感覺自己太衝動了，對業績不利，就去找乙老總說，要不我也吃一堆狗屎，你也買我十個億的貨。就這樣，ＧＤＰ多了二十個億。

中國經濟是成長的，國家是有錢的，經濟官員是有能力的，但是不能看數字的。先射箭，後畫靶，你也可以成為神箭手。

二〇〇九年五月二十日

數字、常識與政治

預測未來三年的中國經濟數字並不困難，因為官方已經公佈它的預測數值了。作為慣例，只要官方說得出口，它就一定會會維護。由於官方掌握國家百分之六十以上的資源，銀行均為官控，外匯也無法自由兌換，物價干預機制成熟，官方享有足夠的調控工具來滿足它的一切預測。即使它只有七顆彈珠，它也可以做出右手有四顆，左手有五顆的預測，雙手放背後，一次伸一隻手就辦到了。

官方預測未來幾年的國內生產總值（GDP）每年在百分之八上下，通貨膨脹率在百分之四點五到五點五之間，這些數字不必懷疑，到時一定是這樣。

國際機構如聯合國、IMF，大投資企業如高盛，有時會提出異議，舉出不同角度的分析來論證中國經濟並不如官方數字那樣樂觀。但是，它們的「異議」，也不過是透過對各種官方數字的推敲得來，屬於那種高來高去的「邏輯抓蟲」工作，其實並未能進行一手的調查。

還有獨立的西方經濟學者，透過一些不被中國官方認可但可信度很高的本土「半地下數字」，據以論證中國面臨這樣那樣的危機，幾年之內就要泡沫破裂云云。他們也大都犯了一個錯誤，那就是所謂的「泡沫」、「破裂」都是客觀系統之下的概念；在一個主觀調控的巨手下，各部位隨時可以人為地「攤薄」或「加厚」，九個茶壺七個蓋，只有「搬弄失手」，而無「系統破裂」。

說到底，用數字做分析是西方玩意兒，前提是數字的客觀性。在現階段的中國，數字還是為政治服務的，是一種群策群力、凝聚共識的工具，往往是先射箭後畫靶，射到哪哪就是紅心，命中率極佳，但不能太當真。

如果不依據數字，我們如何來判斷中國經濟好壞呢？這問題有點像「如果不依據數字分析，我們如何投資股市呢」？其實，除了知識，還有常識，例如「當老頭、老太太、計程車司機都在談股票經時，就是該退場的時候了」這樣的常識。投資大師索羅斯在《金融煉金術》一書中也說，他每天一大早把幾十份報紙攤在桌上，只掃描標題，依此判斷投資方向。以上兩個例子，吃的都不是數字飯，而是常識飯或政治飯。

判斷中國經濟，常識飯、政治飯，比數字飯更為有效。用最粗俗的例子來說明，就是一位鄰居的一句話；官方通貨膨脹數字是百分之四點五，但他最喜歡用的品牌衛生紙六個月內由十八元提價到了二十八元，「我的屁股知道。」他說。

這位鄰居自有一套政治常識經濟學，他不看股市，不看房市，不看進出口，更不看匯率。他只看老頭、老太太的抱怨度；「只要老頭、老太太滿意，中國經濟就不會出大問題」。

這看法有一定道理。中國社會以家庭為核心，而家庭每一個成員的問題，如兒子娶不娶得起媳婦、買不買得起房，孫子吃得好不好、會不會中毒，老伴看不看得起病，都反映在老人心上。老人，的確是中國經濟體質的一個絕佳採樣點。

老頭老太已經開始大聲抱怨了，這從每天新聞裡就看得到。

此外，從中國政府搬弄茶壺蓋的速度越來越快，就知道需要遮蓋的茶壺越來越多了。打壓房價，政府的土地收入下降，於是就提高油價來補貼財政；糧油青菜價格飆升，於是就以行政命令控制，然而農民叫苦，於是只得補貼農民；高鐵投資過劇引發財政憂慮，只能減速煞車；各種權宜措施此起彼落，顯得手忙腳亂。

假設中國官方一旦「失手」，中國經濟會怎樣？首先，不必擔心「數字」；為了維繫國際觀瞻及國內威信，數字一定不會難看。然而，窟窿總要填補，而唯一有能力填補財政的還是廣大老百姓。官方具有足夠的手段收割百姓手中的錢，而為了讓老百姓嚥得下這一口氣，官方會加急演出政治樣板戲：揭露腐敗及打擊富人。

多看新聞標題，常和老頭老太閒聊，有時比讀經濟報告更能看清事態。

二〇一一年四月十九日

歡迎「中國經濟數字」的罪人

我頗尊敬的李克強先生被「維基解密」解了密，他在還未提升為國務院副總理之前，在與來訪的美國大使談心之際，說出了「中國的官方經濟數據都是人造的，我的經濟依據只看三個東西：用電量、火車運輸量和銀行放款量」。當時他當然想不到，世界上會有一個叫作維基解密的網站，日後會把美國大使的祕密報告公告天下。何其不幸，一個幾乎眾人皆疑的問題，從中國的國家副總理嘴中得到證實。雖然，這種實事求是的真誠也是他一貫獲得人們尊敬的原因。

如同我一再強調的，中國官方的經濟數據「僅供參考」，其反映的大多不是已經發生的歷史，而是為下一步政策提供人為的數字基礎，其目的是提升或壓制眾人對未來的期望值。用大陸的術語來說，那是一種「吹風數字」，是一種經濟管理的工具，而不是經濟事實的報告。

中國開始與國際接軌後，老百姓大都相信西方科學，因此，在管理老百姓這件事上，政府無論如何也得用科學來妝點門面。在經濟這方面，「科學」就是採用西方的經濟學術語來面對聽眾，同時影響國內百姓及西方人對中國經濟的評價。

就像中國絕大多數的企業都有兩本帳一樣，中國政府也有兩本帳，一本給外人看，一本自己看。老百姓反正看不太懂那些西方經濟術語，而外國人由於不懂中文，也看不清這兩本帳之間的自相矛盾。學者和民間知識份子都是明白人，但他們大部分選擇了夥同「老闆」一起自圓其說，就像一群忠誠的企業員工，諒解老闆打拚不易。

以「通貨膨脹率」這個數據為例，其實它根本無法反映中國的現實。通貨膨脹是自由市場下的概念，而中國是個物價管制的經濟體，連白菜豆腐的價格政府都可以一夜之間強制決定，即使沒有人為修改，統計出來的物價數據如何可以稱之為「通貨膨脹率」？

再如「國民生產總值」（GDP），巨量的國有企業彼此之間所做的「政績交易」，要高就高，要低就低，如何能反映出真正的經濟價值？難怪海外有人譏刺所謂的GDP就是漢語拼音「刮地皮」前三個字母的簡稱。

當然，許多經濟作假的招數源自西方，這方面中國青出於藍而勝於藍。例如，銀行的種種「表格外的交易」，使得所謂的銀行準備金率大多流於形式，這還不包括政治權貴可以「下條子」（編註：以手寫的紙條交代下屬辦理，下屬認紙條上的簽名）在銀行體外貸款這類中國特色的行為。

再如「政府財政債務比例」，非官方派的學者估計，地方政府的「融資平台」產生了七兆至十兆人民幣的債務，而這完全不表現在中央政府的官方對外財政報告內。中國政府的真實總體負債，如果不是有相當於二十兆人民幣外匯存底的心理保護，恐怕會讓人晚上睡不著覺。

並不是所有失真的數據都代表壞消息，其中也有好消息。例如，中國的地下經濟，學者估計最高可達經濟總量的百分之六十。即使它只有百分之三十，也代表中國人的真實收入高出官方數據許多。難怪西方的金融組織開始用實質購買力來為中國的「GDP」排序。

在這麼多扭曲失真的「西方自由經濟概念」之餘，中國政府在運用數字時還是一頭兩棲生物，就像蝙蝠遇到鳥時說自己是鳥，遇到老鼠時說自己是老鼠。在面對國內百姓時，經濟前景一向是「樂觀」，再不濟也是「較好」。在西方逼迫中國履行已開發國家義務時，中國就主動承認國內還有將近兩億人日均收入不到一美元。在宣傳種種「世界第一」時，拿出手的數據都是「總量」；在爭取同情時，拿出手的就是「人均比例」。

在維基解密曝光之後，倘若世界不再用「GDP、財政收入、投資額」來評比中國經濟，而設計出一套以「用電量、鐵路運輸量、銀行放款量」為基礎的「中國特色指數」，李克強副總理就是黨內罪人了。但是，我們歡迎這樣的罪人，越多越好。

二〇一〇年十二月十三日

中國經濟人口的變形三明治

如果把「矮子」的標準定義在一點四公尺，那麼一點六公尺就能稱之為「高人」，因此南方福建、廣東人大多數都是高人，而東北就充滿了「超級高人」了。

如果把「貧窮線」定義在每天生活費低於零點五美元，那麼中國就只有四千萬貧窮人口，但若用聯合國的標準，即每天一美元，中國就有一點五億貧窮人口。

中國到底有多少貧窮人口？中國政府自定的標準是年收入在一千一百九十六元人民幣（每天三點三元人民幣或零點五美元）以上的，就不算絕對貧窮。為什麼？因為根據政府數字，每天三點三元人民幣就能負擔每天攝入熱量兩千一百卡路里。該熱量相當於一點八公斤的白米飯，即使在產地購買也需要十元人民幣，若只吃番薯，該熱量等於十公斤的番薯，價格也在十元人民幣內。即使全家種番薯養雞、衣不蔽體，這條「貧窮線」連「飽線」都達不到，更不用說「溫飽線」了。聯合國的一美元標準，在今天的中國勉強能夠達到「飽線」，縫一件新衣，肚子就得捱餓一陣子。

你能夠想像一點五億絕對貧窮人口嗎？那是台灣總人口的六點五倍，日本總人口的一點二倍，法國總人口的二點四倍。如果你認為這是中國最嚴重的經濟問題，那你就大大低估事態了。

一點五億的絕對貧窮人口，殘酷地講，僅僅是中國總人口的百分之十一，採用隔離封閉政策，也就「淹沒」掉了。除了這批人的「脫貧」問題，中國還有幾億人、甚至近十億人的「脫困」問題。

所謂「脫困人群」，就是那些溫飽已經沒有問題，甚至已經有些家庭積蓄的人，但在未來發展上處於困境，一群吃得飽穿得暖但是在前途上動彈不得的人。「困難人群」究竟是幾億人還是十億人？當然，如同對「矮子」、「貧窮線」的定義一樣，那要看你怎麼定義「困難」。如果一年穿幾次新衣，偶爾下一次小館子，一年看幾次電影，有心情和老朋友嬉笑怒　就不算困難，那麼困難人口可能就只有幾億人。但是，如果「困難」的定義是：家中的積蓄容不得老人生一場重病，負擔不起小孩上幼稚園，下大雨寧可坐公車也不願負擔二十元（人民幣）計程車費，討不起老婆養不起小孩，一年存不下幾千元人民幣，那麼，中國的困難人群直逼十億。

近十億？太誇張了吧？如何解釋中國的經濟奇蹟呢？

不要忘記，扣掉了近十億困難人群、一點五億貧窮人群，中國還有兩億半富裕及富裕人群。那是台灣總人口的近九倍，法國人口的近三倍，日本人口的一點六倍。這群菁英人口的數量，已經足以產生巨大的經濟動能，何況還有近十億的「維持運轉、貢獻價值、基本生存」的困難人群為經濟打底。再加上不顧子孫後代的環境破壞，巨大經濟總量於焉生成。

中國今日十三多億人口由「富」、「困」、「貧」三個階層組成，比例約是百分之十五、七十四、十一。後兩類人加起來佔了百分之八十五。誰都可以看得出來，百分之十一的拖累並不足以限制中國經濟成長，但是，百分之十五的精進也不足以帶動百分之八十五。中國經濟榮衰的關鍵，在那百分之七十四的困難人群的動向。他們脫困了，中國經濟無可限量；他們持續困難，中國經濟將分裂，政治穩定將無所依託。

然而，我們目前看不出這百分之七十四的人口有明顯的脫困跡象。中央政府努力調整經濟結構，然而僅在「地理調整」層次小有成就，「技能調整」層次乏善可陳。事實上，中國已經陷入一個惡性循環的黑洞中，由於中央財政「集中力量辦大事」，缺錢就以各種手法搜刮民間財富，地方財政「疲於奔命辦小事」，缺錢就向土地搜刮，上下都忽視了對困難群體的保養與培育。近十億人就這樣活著。

若把眼光放到十年後，廣大的「困二代」還會不會接受他們的子女成為「困三代」？從世界發展趨勢來看，不太可能。今天的「富一代」及「富二代」非常明白這一事實，因此他們能撈就撈，能移民就移民。

至於今天的「貧一代」、「貧二代」呢？他們會繼續感激政府的偶爾補貼，感謝黨和人民沒有把他們全忘掉。他們覺得，自己並非唯一難受的人，除了自己，還有一億四千九百九十九萬九千九百九十九人也在過同樣的日子，總人數有三個法國呢！

二〇一一年三月二十九日

腐敗對中國GDP的貢獻有多大？

如果有什麼因素使得中國經濟在一百年內難以成其偉大，那麼必然是其間的道德風險因素。這裡說的是「偉大」，不是「大」。「大」指的是總量，在總量上，中國已經很大了，目前位居世界第三，在全球經濟中已經具有舉足輕重的地位。「偉大」指的是創造可持續的經濟價值，並且擁有值得地球上其他國家效仿的經濟活動模式。

二、三十年內，以實際購買力來計算，中國經濟總量可望超過美國成為世界第一。但是，如果目前經濟中存在的道德風險因素也隨著GDP總值的增長而同步蔓延，中國社會將陷入一種極度扭曲的狀態，中共中央將被迫把GDP中更大的比例花費在控制道德風險這件工作上。同時，國際上勢必難以視中國為一個可預期的經濟體，使得中國經濟與世界經濟之間的價值循環產生窒礙。

公平地講，中央很早就認識到經濟中的道德風險因素，這從它近幾屆政府的反腐敗動作就可看出。雖然中央的反腐敗具有強烈的誠意，但問題在於，這個具有誠意和決心的「中央」，其涵蓋面有多大？即使把所有的人大代表、常委、紀委、中組部、國務院、軍委這些黨政軍成員都算進來，相對於超過七千萬「吃皇糧」的人，其總人數也不過是一支「特種部隊」，而不是一支常規軍。這些年來，這支「特種部隊」揪出來的反腐案件，腐敗者遍及省級、部級、市級及國有集團企業，非常普遍。自然在官方報導上都以「特例」對待，但大多數百姓都知道這是「殺雞儆猴」。為什麼要當眾殺一隻雞？因為猴子太多了。若每一隻犯事的猴子都殺，猴群就要面臨絕種了。

官員幹部的腐敗，究竟對中國的經濟傷害有多大？或者弔詭的說，腐敗活動對當前中國GDP的貢獻究竟有多大？

這個數字誰也說不清，根據官方學者或民間的估計，每年外逃的腐敗金錢不下數千億人民幣。而至於那些未出逃至國外的腐敗金錢，智者告訴我們說，那是「肉爛在自己家的鍋裡」。不管是自己享受了，或是拿去炒股，或是給小姨子做生意，總歸是提升內需，計入GDP的。如果把包括灰色收入在內的大小腐敗活動和反腐敗活動的經費這兩者的經濟總量加起來，若說佔GDP的百分之十，大部分見過市面的老百姓一定會說太低了，若說佔GDP的百分之二十，很多老百姓會不置可否。

官員幹部腐敗的道德風險，有人將其歸於政治體制。言之下意，如果政治體制不一樣，官員幹部就難以腐敗了。這樣的看法，海內海外都有。這其實是把問題看簡單了。我們必須認真考慮一種被海外人士視為「落伍」的看法，那就是在中國，腐敗乃是發展西方經濟的必然結果。持這種看法的人有一種樸素的認識：若毛主席還在世，看這些大小貪官往哪裡跑，一個一個都給咔嚓掉了。

何以要重視這種貌似落伍的看法？其實，這種看法透露了一個說來有些難堪的簡單道理，那就是：中國人見不得錢，見了錢，中國人就守不住了！毛主席時代的中國沒有錢，所以守得住，管得住。

看到「中國人見不得錢」這句話，心中感到不舒服的讀者請先勿來氣，容我道來。

私產是市場經濟的基礎。沒有私產，依然可以有交易，但那不是市場經濟。對私產沒信心：今天是我的，明天可能不是我的，有私產之名而無私產之實，就會產生腐敗，產生道德風險。為什麼？因為沒信心，所以有機會囤積就囤積，有機會轉移就轉移。中國人見不得錢，不是因為單純地「貪錢」，而是因為自己沒信心，故制止不了囤錢的衝動。這有點像松鼠囤積松果過冬；一隻松鼠只需要十幾顆松果就能過冬，但平均每只松鼠卻要囤積二百多顆松果，因為經驗告訴它，它埋藏的松果會被其他松鼠刨走。

出於安全感，今天絕大多數中國人都有一個理念：即便有一天，我現在擁有的東西一大半都不見了，我也要能活得好。這個理念，或許可稱之為松鼠理念。松鼠理念，不僅存在於各級官員之中，也存在國營企業幹部、機關公務員、農村幹部、民營企業家、大學教授、企業員工、販夫走卒之中。大家都在找松果，大家都在藏松果，各有各的路子，各有各的招。

用智者的話來理解，這是一場「藏富於民」的全民運動，只要肉爛在自己鍋裡，最終對拉動內需和GDP都是有幫助的。

但這種財富分配方式，卻以經濟活動中的道德風險作為代價。當經濟活動中人人都在尋租，人人都在鑽空子時，它會產生類似於物理學中的布朗運動，所有份子都在亂竄，系統的穩定性無從達成。在可預見的將來，這種「松鼠經濟」或「布朗經濟」將觸及其經濟價值的極限，形成一種封閉式的自我循環。

在每天的新聞中，我們都可看到中國宏觀經濟中的道德風險。官員腐敗、官商權錢交易、礦井事件、工程事故、土地違規、侵吞國有資產、民營企業惡性倒閉，等等。在每天的生活中，我們也可看到微觀經濟活動中的道德風險，民企拖欠農民工工資、學術抄襲、醫生違規手術、教練侵吞運動員獎金、無所不在的黑心食品、層出不窮的仿冒商品、能偷工就偷工的家庭裝潢，等等。若要詳列出來，可能幾十張紙也列不完。

請不要誤會，這裡談的不是中國人日常生活領域中的道德，而是在沒有私產安全感、對私產沒有信心下的經濟活動中的道德。當前的中國人，在日常生活的道德與經濟活動的道德之間，存在巨大的落差與矛盾，這也是外人，尤其是西方人感覺中國人是個「迷」的根源所在。在日常交往時他們是那樣的不分彼此，在談各種事情時他們是那樣的明理，在做事時是那樣的任勞任怨，但到了最終利益這關口時，他們又是那樣的不擇手段、變化無窮。

中國經濟活動中的道德風險，若隨著GDP的成長而等比例蔓延，終將造成內部的全民博弈，也將令世界對中國的貿易和投資採取博弈的政策。博弈是一種零和遊戲，陷入了博弈，交易成本將居高不下，創新將難以出現。也許下一位Von Neumann和John Nash應該做出一套十三億個元素相互博弈的理論？我自身無法想像那個場景及其結果。我只知道，再大的松樹林也經不起十三億隻松鼠的博弈。

二〇〇九年三月十日

當腐敗已經市場化

「市場化」指的是一種具有價值的事物形成價格，並且這價格被普遍接受，使得交易得以進行。

市場上的事物包羅萬象，但它們的交易都得透過一種共同認定的價格媒介：貨幣。當一種事物能夠以貨幣定價並且普遍為交易雙方接受時，我們說這個事物已經市場化了。不同的文化下，有許多被市場化的事物在其他文化看來是不可思議的；例如，婚嫁時男方必須出聘金，喝喜酒時必須包禮金，在中國是一種已經市場化的普遍行為，但在很多其他文化下不是。

腐敗現象，各個文化裡都有；有些強，有些弱。但是，既然稱之為「腐敗」，就表示它不是一種公眾普遍認可的行為，是一種沒有公認價格的私下交換。當經濟學家說「這個社會真腐敗」時，他們的腦中並沒有一套價格體系。

但是，如果腐敗本身也已經市場化了，它還能被稱為「腐敗」嗎？當百姓腦中對種種「腐敗行為」已經形成了一套價格體系並且天天在以貨幣支付時，它還能被稱之為「腐敗」嗎？或者，它已經成為了一種「地下經濟」？

對於瞭解中國「經濟」的本質，我們必須先看到「腐敗」在中國已經逐日市場化了；它的經濟體量及比例，對中國的內需構成、儲蓄率、工資水準、國家財政，乃至百姓的經濟行為，都開始具有「主導性因素」。不看明白這點，僅憑官方統計的地上經濟的數字來評論、分析、預測中國經濟（這還姑且不論官方統計本身的操弄），無異在與一個影子糾纏。

隨手舉例。當一個每月工資五千塊人民幣的小學教務長，每年的家長走後門的腐敗收入達三百萬人民幣時，他實際上已經將三百萬的「平民日常內需」轉化為奢侈品內需，或者鋼筋水泥的內需（因為他投資房地產），或者股票內需（因為他錢多得沒其他地方放）；由於自己不靠工資，他也沒有動力改善小老師們的工資水準，他的三百萬收入也不交所得稅。老師們也有他們自己的門路……家長們為了支付「腐敗金」，也在各自的工作崗位上動腦筋腐敗……社會上所有支付腐敗金的人，都在積極尋求、設計腐敗……因此所有人都知道、接受各種腐敗的存在，並主動打聽腐敗的價格行情……各種腐敗就此羅織成一個綿密的市場。中國國內沒有一個經濟部門能夠倖免，從學校、醫院、公司行號、到國有企業、政府機關；從省、市、縣、鎮，一直到農村。

不談道德、不談法治，只論經濟的話，腐敗也是一種生產力。這個道理，所有中國人都懂，三十年來也為執政當局所默認。問題在於，市場化後的腐敗所形成的地下經濟體量，使得政府的任何經濟政策都失效；與法律規範平行的潛規則力量越來越大，社會就越來越普遍地目無法紀。

中國政府的經濟政策的壽命越來越短，因為腐敗市場化後形成的地下經濟已經具有原生性動力；上有宏觀政策，下有腐敗對策。因此政府越管越細，但在腐敗市場化技能已經如此成熟的今日中國，「管」的後果，就是更多的腐敗；「不准做A」，就會生成「替你做A」的收費標準。管制與腐敗之間，已經形成地下經濟循環；每「管」一項，就可能生出三項腐敗。

默認體制內腐敗所帶來的經濟改革動力，已經走到盡頭。進一步的經濟改革，必須改革經濟體制本身，轉化腐敗的地下經濟為透明的地上經濟。但是，沒有政治透明度改革是無法牽動經濟體制改革的。邏輯一步一步地推論下去，結論很明顯了。

二〇一〇年十月五日

第五節 你所不知道的人民幣

被偷換了概念的消費券

全球金融危機發生後，大陸為振興內需，也掀起一陣政府發放「消費券」的風潮。杭州已經發過一次，還想發第二次。重慶市也發了，中央政府未表示反對，但北京市已明示不走這條路。各地方政府在決定發券之前，經常會以台灣全民發放消費券為例。但重慶和杭州所發的「消費券」，並不是真正意義的消費券，而是具有中國特色的「票」，必須持之到有限的指定地點換取指定商品，其本質上只是幾十年前糧票的現代版而已。

民間輿論反應很快，紛紛質疑這樣的「消費券」是否真正能夠振興內需，而且擔心滋生腐敗、官商勾結發國難財。果然，杭州市政府宣示，第二次發放的消費券必須以「折扣價」的人民幣購買，並對使用的商家和品種加以限制。社會一片譁然：這不就是政府替某些商家推銷折扣券、禮品券或會員卡嗎？辦事人員在中間到底拿了多少好處呢？

這就是中國錢典型的使用方式：只要一經過官方管道，就多多少少得留下買路錢。如果這樣說刺耳，那麼好聽一點的幽默說法叫作雁過拔毛。別人的雁，我來拔毛，取得成本低，花起來自然就大方，這使得金錢在經濟循環中的效率大大降低，因為錢來得太容易，一塊錢的面值只要能換回八毛錢的價值，對拔毛的人來說就已經很合算了。

如何才可不「雁過拔毛」？耶魯大學經濟學教授陳志武先生，北京大學光華管理學院院長張維迎教授，曾冒天下之大不諱公開撰文演講，呼籲政府把錢直接分給老百姓，不要再透過任何中介單位。他們表示，除了減稅等作法，把外匯儲備中的四分之一至二分之一轉化出來，直接按老百姓人頭給現錢。如何給得公平？張教授認為採用簡單原則就可以了，農民得二，城市居民得一。

多數的經濟學家，還有官方媒體，對他們二人的倡議至今未見公開讚許或駁斥，大概是鑒於他們兩位教授的社會地位，必須先消化消化才好反應。諾貝爾經濟學獎得主孟戴爾，訪問中國時也主張直接發現金給每一個中國人。前北大經濟學教授，現任世界銀行副行長的林毅夫，也有類似的看法，只不過表現在國際與國家之間。他倡議大國共同拿出兩兆美元，由聯合國專設機構管理，適時釋放給困難國家。林毅夫先生想避開的是過去ＩＭＦ被美國把持的「官方管道」，雖然他提出這倡議並非出於ＩＭＦ「雁過拔毛」，但是刺激經濟款項必須直接發到使用者身上的這種精神，他與張、陳兩位教授是一致的。

錢，是來用的。屬於自己的錢，才會用到刀口上。上級財政撥款來的錢，雁過拔毛後的錢，本質上都是貨幣中的劣幣，或至少是「怪幣」，它們將對良幣起到侵蝕作用。與國際接軌後，中國也用起西方金融財政下的M1、M2貨幣流通量概念，然而，要真正瞭解中國的貨幣作用，必須創立一個「CM1」、「CM2」的概念。C代表中國特色，CM代表那種既屬於自己又不屬於自己的「怪幣」。以經濟模型來說，CM1、CM2的流量和速度，即使和M1、M2一樣，前者所創造的經濟價值也是低於後者的。雖然還沒有人對CM1、CM2做過統計和測量，它們的灰色本質也令人難以測量，但從種種相關資料看來，中國的「怪幣」佔貨幣流通的百分之六十五以上，這就是說，中國的內部經濟價值受到了嚴重侵蝕。每一次當有人創造出一種新穎的「怪幣」形式時，中國的國內經濟價值就受到一次新的打擊。然而，中國的「怪幣創新」是非常具有生命力的，雁飛過，永遠有第一百零一種拔毛方式。

中國的「消費券」是一種怪券，人民幣也已變成一種「怪幣」。要瞭解它們，也許可以多看看台灣布袋戲中的怪老仔。

二〇〇九年二月二十二日

人民幣決定中國命運！

中國的財政缺口大得驚人，錢就要不夠用了。多數的經濟學家，不論來自國內的官方派系、西方的投資銀行、還是國際機構如ＩＭＦ、世銀、聯合國，都在公開的文件裡認為中國現在的問題是錢太多，而不是錢不夠。然而，他們的說法有點像「小李的薪水剛由年薪一百萬跳到年薪五百萬，房子一套只需要三百萬，豪華車只需要一百萬，鑽戒只需要二百萬，娶妻只需要一百萬，環遊世界只需要二百萬，這些小李都負擔得起」。然而，一個街邊的老頭都可以告訴你，如果小李在加薪的頭一年就同時買房、買車、買鑽戒娶妻，環球蜜月旅行，小李將破產或刷爆信用卡。

中國現在高鐵、軍備、航母並進，同時提升人民的醫療和教育、搞農村城市化、農田補貼、降低個人所得稅，此外，官員腐敗愈演愈烈，維護社會穩定的成本超過了軍費。錢，怎麼可能夠用？

官派經濟學者中有人說，中國有三兆美元外匯存底，再大的窟窿也補得起。這有點，嗯，腦子進水。外匯存底就是境內人民幣負債，中國居民手中的人民幣儲蓄總額是外匯存底的一點五倍，若人民對經濟失去了信心，開始改存美元，一夜之間政府的外匯存底就會消失。

其實，這也是中國政府現在不敢讓人民幣匯率一次升足的關鍵原因。外人不瞭解，以為中國政府為了「保障外貿經常帳盈餘」而阻止人民幣升值，殊不知人民幣升值是個百分百的內部政治問題，一旦升足了，中國百姓的資金、儲蓄外逃，將如排山倒海而來，一夕之間將通貨緊縮、經濟停擺。

這個困局，在二〇〇五年前後還可用開放政策進行市場機制調節，但是，在中央選擇了「國進民退」路線以及世界金融危機的壓迫下，現在「市場機制」的黃金關口已經過去了，即使現在做也來不及了。

中國的中央政府當年選擇了透過房地產、股市來回收百姓手中的人民幣，但這是飲鴆止渴，如今，這兩件政府操作的工具都已經用過頭了。上世紀七十年代，西方經濟學界發現傳統經濟理論失靈，通貨膨脹與百業蕭條竟然同時存在，於是發明了「滯脹」（Stagflation）這個新詞。今天，中國面臨著房價、物價、匯率「升不得、降不得」，「治不得、拖不得」的現象，也應該有一個新詞來描述。

人民幣已經得了重病，而且已經過了慢慢療愈的時期；只有出以重手，才有可能收得了場。

重手政策，可以是幾個方向。其一，如同陳志武、張維迎等學者所倡議，透過釋放大量國企股權於民，或透過農民土地市場化，讓百姓手中的巨量人民幣儲蓄加入經濟生產力循環，讓人民幣在國內市場化。然而，這一方案等同於中共經濟權力下放，令「一黨專政」成為虛文，當年已經被當權者推翻，今日更難。

其二，讓人民幣匯率一次升足，同時佐以國內外匯率兌換的嚴格管控。當前，中國人可以有五萬美元的額度兌換美元，理論上，十三億張身分證就是六十五兆美元的兌換權，相當於當前外匯存底的二十倍。人民幣匯率升足後，大量老百姓將選擇持有美元，而中國政府不可能坐視其發生，因此必然調低或撤銷人民的外幣兌換權利。然而，這一做法必然導致民怨。

其三，繼續創新「泡沫資產化」工具，繼續搜刮百姓手中的人民幣以為官用。例如，發行市政債券以填補土地財政空缺，放寬上市資格以刺激股市投機，甚至，在這些還算「周轉性」的工具無效之後，再度放鬆房地產管控，重返老套路：以地養官、以樓吸金，一舉兩得。

當前官方走的是第三種方向。但是，中國百姓不傻；經過幾次折騰後他們已經知道，「錢為官所用」才是經濟政策的主旋律。先知先覺的富人群體已經不再把房地產作為資產避風港，百分之七十已經決定脫產移民；市井小民也已察覺，人民幣增值的同時，在國內的購買力卻急速下降，顯然官方並無意向民間轉移人民幣增值的好處。

百姓希望「錢為己所用」，但房地產投資的魅力已不如前、股市伎倆業已看透，剩下的出路只有三條：囤積物資，改存那雖然貶值但比較可愛的美元，以及脫產移民、投資孩子的未來於國外。

中國或許面臨千百種政治、社會、經濟問題，但是，當前所有的問題都投射到一個具體問題上：人民幣怎麼辦？

中國當前的經濟就是人民幣問題，人民幣問題就是政治體制改革的問題。釘緊人民幣，就等於釘緊了中國的命運。

二〇一一年四月二十七日

人民幣的「一幣兩值」

人民幣目前處於「一幣兩值」，一方面，人民幣的國內購買力迅速下降，另一方面，人民幣的國際購買力持續上升；一種貨幣，兩種價值，猶如大壩兩側的水位落差越來越大，若再不平衡，就要決堤。但殘酷的事實是，在設計時這座大壩沒有洩水閘門，因此只能把大壩加高加厚，期待氣候及地質大環境出現有利的變化。然而在當前世界經濟的嚴峻形勢下，大環境不可能出現有利的變化，因此，決堤的風險與日俱增。當貨幣兩端價值的差距越來越大時，無需太久，中國的經濟就要HOLD不住了。一幣兩值的成因，不是經濟，而是政治。

以上是比喻，現在來看看「一幣兩值」的起因及後果。

人民幣在國內的購買力持續下降，也就是一般所謂的通貨膨脹，其原因，一致的看法是人民幣供應量太大。量大表現在兩方面；一方面是二〇〇八年的四萬億但隨後演變成十二萬億的刺激計畫，另一方面是印刷人民幣以對沖中央的外匯囤積行為。兩者相加，估計在過去三年內，至少有相當於二十萬億人民幣的「流動性」，被人為地注入中國的經濟體中。

中央銀行在三年內超額印刷了二十萬億人民幣，在國內產生通貨膨脹的壓力已經不小，但問題遠遠不僅如此。三年之間，各地方政府在中央允許的額度之外，與銀行及金融機構相勾結，又發行出地方債務，據估計在七到十二萬億之間，這一部分屬於幽靈債務，並不反映在中央的財政報表上。但遲早，中央得加印這一部分人民幣，以彌補帳務窟窿。這樣一來，與實體經濟脫鉤的「流動性」，總額便達到了三十萬億人民幣。

這三十萬億超額人民幣，雖然會刺激通貨膨脹，但若最終都用到了國內投資或國內消費上，問題倒還好辦，所謂的肉即使爛了，也爛在自己的鍋裡。但關鍵問題是，這筆錢，真的用在了投資或消費上嗎？

當人們審查這三十萬億的「流動性」地圖時，中國經濟的恐怖性便撲面而來了。

在權力尋租的現行政體下，通行的潛規則是「國家拿大頭、個人拿小頭」，普遍作風是「雁過拔毛」、「逢十抽一」；國家每加印幣值一元的鈔票，每經過一道「手續」，它的實質投資力當下就被攤薄百分之十。更殘酷的事實是，國家新發出的一塊錢鈔票，在抵達計畫中的投資專案的途中，至少要被「雁過拔毛」兩三次，因此，每一塊錢真正到達投資標地的部分，只剩下六七毛錢，甚至少到只剩下三毛錢。這個過程，造成國家投資的效率普遍低於百分之五十，國家只能繼續加印鈔票來維持投資力。

換句話說，在現行權力體制下，中國的印鈔機停不下來！權力尋租的體制，才是中國通貨膨脹的真正根源！人民幣的國內購買力，只能越來越弱。與此同時，美國要求人民幣增值的壓力並未停止，過去數年，人民幣對美元匯率以每年百分之三至五的速度在增值。因此，人民幣在國外的購買力越來越強。

當人民幣的兩種購買力之間的差距繼續擴大時，人們就會開始質疑：我究竟應該持有人民幣資產，還是美元資產？哪種更能保值？換句話說，人民幣與美元之間的保值能力將出現一個「黃金交叉點」；這個交叉點一過，人們就會開始選擇美元資產。

這個交叉點，也就是人民幣資產大逃亡的開始，也將是中國經濟下滑的開始。

事實上，這場逃亡已經開始了。中國官員以及民營企業的脫產外逃，正在深化進行中。這並不必然代表他們在中國國內的經濟活動減緩，只是他們越來越不願意在中國國內花自己的錢；自己的錢移轉國外，國內的投資開銷，盡量用銀行的錢，甚至用高利貸。

眼下，中國中央政府正在努力HOLD住中國經濟，但是，今日的局面乃是權力尋租體制的必然結果；等到HOLD不住時，中國可能出台一個跌破世人眼鏡的舉措：人民幣對美元貶值。

二〇一一年十月四日

人民幣的「一國兩制」

人們以為中國只存在政治上的一國兩制，其實，中國的貨幣政策也是一國兩制。奇妙的是，連中國政府本身都不知道它的貨幣已經是一國兩制。這個無知，有一天將使中國經濟內需陷入僵局，所有拉拔內需的努力終將無效。

十五年前，中國同時存在「外匯券」和「人民幣」，雖然面值一樣，但後者的「價值」不如前者。隨後政府察覺，貨幣不能一國兩制，同面值貨幣存在兩種價值，市場經濟就不可能實行。於是在一九九四年取消了外匯券。取消它很容易，因為外匯券的長相和人民幣不一樣，收回後從此不再印刷就行了。

但今天的人民幣，其實又出現了兩種價值，使它成為長相一樣但本質不一樣的「怪幣」。這兩種價值，並不表現在紙張的印刷上，而存在於誰用它。當甲用它時，一塊錢人民幣就是一塊錢，而當乙用它時，一塊錢人民幣就只需要值八毛錢。

奇怪吧?可能嗎?請聽我道來。

中國的公款消費，遠遠大於私款消費。隨手舉幾個例子。各級政府部門的「人車會話」花費（人員津貼、公務車、開會、電話費）佔GDP的百分之十以上，多年來打壓不下;「吃皇糧」（即行政及事業單位）的人數超過兩千萬，其中相當一部分享有多多少少的灰色收入；縣級政府用公款蓋官員別墅，挪用他款興建比美國白宮還氣派的政府大樓，國內比比皆是。這些還只是政府的公款消費，若再加上企業界的公款消費，就要嚇死人。企業界的公款消費以招待、送賄、受賄、中飽私囊等各種形式出現。風氣使然，不僅國有企業以公款消費作為業務的潤滑劑，私營企業和外資企業也不得不然，只是程度有輕有重罷了。公款消費，不管是明的還是暗的，政府的還是企業的，加總起來，應該佔到中國消費的百分之六十五以上。

公款消費有個特徵，相較之下，就是錢不當錢用，因為不是自己口袋裡的錢。換句話說，當花費公款時，一塊錢只需要換回八毛錢的價值就已經很對得起「公家」了，何況那兩毛錢中可能還有一毛錢會以不同的形式回饋到自己。由於其在中國經濟體中的比例巨大，公款事實上已經破壞了人民幣的信用，成為人民幣在中國國內隱性貶值（或隱性通貨膨脹）的元凶。

公款對經濟價值的殺傷力，絕對不可小覷。它甚至可能是當前各種社會問題的萬惡之源。當百分之九十的工薪階層或農民看到自己必須省吃儉用而百分之十的人總有不把錢當錢的路數時，他們的心理能夠長久平衡嗎？當賣包子的小販看到別人的錢來得那麼容易，他能不在包子裡摻死豬肉？當藥廠看到行銷主要靠行賄時，他能把持住藥的品質嗎？當企業的後勤人員看到業務人員吃香喝辣時，他豈能盡心盡力？而國家為了控制公款消費，使其不變成脫韁野馬，又得花了多少管理成本？

公款消費使得中國變成了一個另類的超前消費的國家。此次金融危機，本質上就是各國超前消費過度，大家的「信用卡」都同時花爆了。中國一向被認為、也自認為是一個高儲蓄、低消費的經濟體，沾不上超前消費的邊。事實上，中國的「公款效應」帶來的另類超前消費，其惡劣本質甚至超過西方國家的超前消費，因為西方的超前消費者必須自食其果，而中國的公款超前消費者不必食其惡果。

多年前，諾貝爾經濟學獎學者弗里德曼在造訪中國時，人們帶他參觀各大企業，然後請他批評。他說，我沒有評語。人們對他說，請不要客氣，我們能接受任何批評。弗里德曼說，我真的沒有評語，因為我所瞭解的是，當人在花自己的錢辦自己的事的時候，會非常謹慎，但在用別人的錢辦別人的事的時候，會非常不經心。而在中國我看了半天，沒看出來究竟是誰在用誰的錢辦誰的事，所以我無從評論。

在金融風暴下，中國正在舉國家之力刺激內需，而中國的經濟學家其實都知道，即使沒有這場金融風暴，工薪階層和農民階層的無力消費，終將阻礙中國經濟的進一步發展。而超正常比例的公款消費，就是人民幣成為「怪幣」之源頭。這個不革除，就無法真正在十三億人口內建立一個健康的內需循環。

二〇〇九年二月二日

第三章
權力控制看社會

第一節 被控制的社會

高鐵慘案的政治威力

二〇一一年七月二十三日，將是中共執政六十餘年來的一個分水嶺。中共執政史上，歷經了好幾次危機，六十年代的文革，八十年代末期的天安門事件，八〇年代末期的法輪功事件，乃至二十一世紀新疆和西藏頻發的族群衝突事件。比起這些重大事件，二〇一一年七月二十三日的高速動車追撞事件，可以說微不足道。然而，七二三事件和先前所有重大事件最不一樣的一個性質是，它和民族主義沒有任何關係，沒有任何餘地以民族主義為託辭。

八九天安門鎮壓，有西方自由主義可賴；法輪功，可以說成西方鼓動的邪教；新疆西藏的族群衝突，當然就是外來勢力的支持所致。透過訴諸民族主義情緒，以化解內部危機，已經成為中共執政的固定公式，雖然手法相當粗糙，但是效果屢試不爽。

官員腐敗，可以歸罪於西方享樂主義的腐蝕；貧富不均，可以歸罪於資本主義；甚至鐵路部門的前任總管受賄數億人民幣、數十億美元，都可以解釋為外國公司行賄所致。但七二三事件的發生，以及之後中共系統的反應模式，卻百分百找不到任何「外國因素」；挑起民族主義情緒這一招，在這個事件上完全用不上。

高速鐵路的技術，乃是官方長期以來自詡的自有技術；動車本身，也是中國製造；調度人員，理論上也都歸政府指揮、屬於「鐵道部」的鐵路系統；災後埋車、終止救援，立刻恢復通車的荒謬決定，也來自代表政府的單位。

面對這種百分百找不到「外來因素」，甚至連暗示「他人錯誤」的餘地都不存在的重大事件，中共的宣傳系統就傻眼了。中共執政的特色之一就是從不直接承認錯誤，即使事實擺在眼前，不管費多大的勁，也要繞著彎子把原因轉嫁給外部因素，或把罪由歸屬至「一小撮人」。但是，七二三事件完全沒有提供這個餘地。要麼，就直接承認這是中共執政系統的錯；要麼，就強力封住全部中國人的口。

其實，七二三事件可以成為中共增強其執政合理性的一次絕佳機會，人民會原諒並尊重一個懂得開始認錯的執政黨；然而不幸的是，在上述兩個方案中，中共選擇了後者。

之後的輿情，本質上是一場人民與執政黨之間的辯論；辯論的潛台詞是：你究竟還能不能代表人民？這場辯論在各種地方衝突事件上早已零零星星地展開，包括此起彼伏的暴力拆遷事件、城管對流民施暴事件，等等。人民對中共執政合理性的質疑，在此次七二三事件上形成匯流。

為何七二三事件能夠將社會不同階層的情緒聚聚起來？因為，這個事件中完全沒有「人民內部之間的矛盾」。暴力拆遷事件中，政府固然擺脫不了責任，但其中總是有「貪婪的地產商」可以歸罪，那是地產商與百姓之間的矛盾；城管鎮壓流民商販，那是不同身分無知小民之間的糾紛；開寶馬汽車的貴人屢屢引起民憤，那是富人與窮人之間的矛盾。所有的這些，都不是中共執政體制的必然後果，而是「發展中不可避免的人民矛盾」。七二三事件，因而具有巨大的政治威力。對外它扯不上民族主義情緒，對內它扯不上人民內部矛盾，清清楚楚、乾乾淨淨，它就是一樁證明中共執政系統出了問題的案例。

因此，中共當局全面禁止主流媒體繼續追討事件的真相，並將官方調查方向控制在技術失誤及人員管理失誤的範圍內。然而，網路上數百萬的質疑聲音，卻不是一紙禁令擋得住的。中共領導人若還有魄力及智慧，就應該直接面對七二三事件所曝露的體制問題，並利用此契機，以體制改革來回應人民對執政黨合理性的質疑。

七月二十三日，僅僅是歷史長河中的一天；高鐵追尾慘案，僅僅是諸多災難中的一樁。但是，它的政治後果卻具有分水嶺意義。從這一天起，人民將在所有事件上追問：中共的執政體系，究竟還能不能給出事實的真相？

二〇一一年八月二日

中共如何處理民族記憶？

一個民族，如何處理它的記憶？未消化的記憶，只會累積在大腦皮層，作為潛意識傳給下一代，而中國人大腦皮層中沉澱的記憶疤痕已經太多了。七二三動車事件，或許會使中國人徹底反省中共的民族記憶處理方式。

大陸七二三高速火車追尾事件發生後，當局僅花了六個小時救援，在死傷名單還未確定的情況下，就宣佈沒有生命跡象，繼而就近掩埋車體，徹夜火速清理事故現場，次日天明即恢復通車，這種處理方式引起舉世譁然。

這種特大交通事故，每個國家均有發生。然而世人不解的是，在眾目睽睽之下，在媒體和網路通訊如此發達的當下，中國政府的舉止何以如此粗暴？

在排山倒海的輿論下，滿臉倦容的溫家寶總理不得不親至現場，面對全球六十多名記者的質疑，表現得誠意十足。然而，此案在幾天之後出現了更加令人匪夷所思的發展，中央勒令媒體封口，只准按照中央的口徑做後續報導；據聞，許多媒體從業人員因此憤而辭職。

中國政府腦子進水了？其實沒有。它不過是在用它一貫的邏輯來處理問題，它不是不明白，只是這世界變化快，快到了它的傳統手法跟不上了。一向以來，中國政府在處理國內重大事件時，採取的都是「迅雷不及掩耳」策略，在資訊還未散播之前就控制資訊源頭，為官方爭取「定調」的時間，在百姓尚未形成「看法」之前，推出官方的主流定調，各媒體於是有章可循。

六十幾年來，中共都是這樣的在處理民族記憶。遠至抗日戰爭中的國共角色、國共和談的過程，中至三年饑荒、文化大革命，近至天安門事件、法輪功事件、新疆西藏騷亂，無不如此。

六十幾年來，大多數中國人民也都容忍中共的民族記憶處理手段。他們並不愚昧，他們並不是不想知道真相，但他們在內心深處都默默地做了一個決定：潘朵拉的盒子還是蓋上的好，打開後的結果可能不是任何人處理得了的；真相，不能當飯吃。民眾的這種心情和認知，可以從胡錦濤總書記曾經說過的一句語裡得到反應：「中國，不能再折騰了」。

然而七二三動車事件，撕毀了百姓與中共之間的這層默契的薄紗。從此，中共處理民族記憶的傳統手法，將失去效用。倘若中共不徹底檢討其處理民族記憶的手法，類似事件再發生幾輪之後，中國的百姓將被迫要求一一掀開歷史的潘朵拉盒子。

七二三動車事件，死傷人數並未超過一場礦難，更不能和四川大地震中的傷亡人數相比。它的特殊性，乃在於它發生在人口稠密、進出方便的富裕地區，且死傷者多為教育程度較高的富裕人群。

車廂內傷者用手機發微博求援，溫州富人「非法」用私人飛機、動力傘來航拍，周邊記者的迅速集結，都是鐵路部門和中央宣傳部門始料未及的。該事件前後真相經手機微博及網路即時傳播，使得各級政府、單位慣用的「迅雷不及掩耳」遮蓋動作，全部變成了「迅雷不及掩耳盜鈴」。

一位亡者的妻子對溫家寶說的一段話，最能體現中國人民的心情。她說，總理，我從天津趕來，一路上都還在體諒國家的難處，但是當我到達現場後看到政府人員不顧遺體、只急著和我談判賠償金額的時候，那叫個慘吶。

汶川大地震時，中國還沒有微博，災區道路毀壞，封鎖媒體理直氣壯，當局有充分的時間隔離「人禍」的部分，定調為百分之百的天災。災後推倒重建的速度，其效率不輸給此次動車事件後的現場處理速度。今天，重訪當年災區，放眼所及，一派氣象，如同那場地震從來沒有發生過一樣。所有當年質疑其中「人禍」因素的人士，全部被有效消音。一件巨大事件的民族記憶，就這樣被型塑了。

七二三動車事件發生後二十四小時內，相關單位的做法其實並沒有「出格」，大家只是機械式地執行傳統上固有的流程。它其實並沒有值得令人「訝異」的成分，它其實只是在重複六十多年來的「民族記憶處理流程」。只是，這次「人民列車」的速度太快了，撞上了前面緩慢前進的「政府列車」。我們希望看到，最終死傷的是政府列車中的人員，而不是人民列車內的人員。

二〇一一年八月九日

胡瓜，抱歉，你被刪掉了

台灣影藝明星胡瓜，一度在Google搜尋引擎中被屏障了。事實上，不只胡瓜，所有姓胡的都被屏障了。事實上，不只姓胡的，所有以「胡」字開頭的字詞都被屏障了，例如「胡蘿蔔」、「胡鬧」……事實上，周杰倫也被屏障了。所有「周」字開頭的字詞都被屏障了，「周公」、「周朝」、「周杰倫」。還有「溫」、「溫州」，都找不到了。

「習」、「李」、「吳」、「賀」、「賈」、「汪」、「薄」……都不見了。凡是這些字開頭或居中的詞都不見了；例如「學習」被屏障了，孔子的「學而時習之」也不能查了，《紅樓夢》的「賈府」不存在了，「桃李滿天下」消失了……

當然，胡瓜、周杰倫和這件事沒有關係，他們不過恰巧沾上了一個字，一個中國重要領導人的姓。

Google中國網站移到香港後，不再過濾關鍵字。而過濾敏感字眼的工作，由國際上戲稱的中國「萬里防火長城」（GFW，Great Fire Wall）接管。這個「長城」的技術含量顯然還不夠硬，許多原先Google 能夠細緻過濾的詞條，GFW都無能為力。情急之下，乾脆「把娃娃和洗澡水一起倒掉」，來個粗暴過濾。重要領導人的姓名牽涉到許多敏感話題，但技術上還沒有能力區分壞話和好話，乾脆一刀切，凡是沾上姓的所有字詞，一律阻擋。

技術功力，真不是一朝一夕的事。想起電影《莫札特傳》裡的一幕：宮廷音樂師極端妒忌莫札特這個才華橫溢的粗鄙小子，向奧地利國王咬耳朵，說莫札特的樂曲雖然好，但「音符太多了」。國王在聽了一場莫札特親自指揮的樂曲之後，上台親賀這個天才小子。莫札特受寵若驚，不懂事地追問國王對曲子的感覺。國王其實不太懂音樂，支吾地說，非常好，非常好，只是，只是，音符太多了。莫札特大怒，激動地頂撞國王說，哪一個音符是多的？你指的出來嗎？國王大窘。

中國的國王們覺得Google「音符太多了」。過去Google自我刪減音符，「原湯化原食」、「繫鈴人解鈴」，還能保持曲子的基本曲調。現在，刪減音符的工作落到了一向只會模仿不會創新的國王宮廷音樂師身上，就笑話百出了。在Google搬到香港後的第三天，「胡蘿蔔」成為中國網民搜索的最熱門關鍵字。

國王和宮廷音樂師們其實還不瞭解世界的技術趨勢。他們以為Google是一個搜尋引擎，殊不知Google老早就不是一個搜尋引擎了。再過五到十年，Google的雲端策略將把透過眼睛和耳朵的一切活動融合起來，文書、計算、影視、音樂、閱讀、購物、旅遊、通訊……甚至，做生意。自絕於Google，就是自絕於世界。寄望於微軟作為Google的可能替換，我看沒戲。假設Google某一天和蘋果深度合作，好壞不談，世界將不一樣。

台灣是全球少數能夠實現「雲端處理中心」的社會，因為台灣已經沒有「消音」這一說。台灣人可能還沒有意識到這將是台灣在世界上最大的信用價值。也許，台灣應該拿出渾身解術，奮力成為世界一流的「資訊自由島」，就像瑞士的銀行信用紀錄一樣，不但可造就下一波產業升級，還可以使得全世界都會主動關心你的安全。

胡瓜，對不起，用你的名字消遣了一把。

二〇一〇年三月二十九日

雲端技術搖身變成統治工具

襪子，是可以倒過來穿的。早年網路剛開始普及之時，世界首屈一指的防火牆設備供應商猛攻中國市場，一段時間後，他們發現主要客戶群是政府，而且主事人把襪子倒過來穿，原本防火牆的目的是阻止外人入侵，但中方客戶要求把技術倒過來，變成防止內部人外出。時過境遷，十年後的今天，中國政府已經隨著需要，自我創新開發出兩面都能穿的襪子，既能倒穿，也能正穿。一牆兩用，也能堵塞外來訊息進來，也能制止內部不當訊息外傳。

網路原來是個非洲大草原，獅子奔騰，羚羊亂跑，鱷魚混戰，魚有魚路，蝦有蝦路。雲端概念及技術的出現，使得網路由野生草原開始轉向野生動物園，其中雖然有管理，但基本上在規則下放任動物游走。然而同樣的技術，到了中國，就特色化了。中國的雲端概念，是一個有無數籠子的人工動物園，緊緊地由飼養員及教養員把控。

雲端，可以是白雲，也可以是烏雲；可以利生，也可以統治。

中國的電視觀眾不下十億人，因此，對電視內容的管控至關重要。過去，對網路的管控沒有電視重要，然而，今天中國的網路人口已經接近五億，3G手機用戶超過一億，其影響力已經直逼電視。更特殊的是，這些用戶絕大多數是年輕人。

色情內容必須管制，這在今天世界的價值觀內，大概絕大多數人會贊成。世人所煩惱的是，如何在倒掉骯髒洗澡水的同時，不把洗澡盆中的嬰兒也倒掉。但中國的問題則不同，中國政府煩惱的是，在倒髒水時，如何只留下盆中那些可愛的嬰兒，而把其他那些看不順眼的嬰兒倒掉。

雲端技術，乃上帝送給中國政府的大禮。以前，必須自設機房、伺服器，有如非洲草原上的游牧動物，呼之不來，斥之不去，自行交配，雜種叢生。現在有雲端動物園了，動物集中起來，分門別類，網格化管理，誰與誰交配，何時交配，何時人工授精，如何淘汰看不順眼的新品種，均有章可循，即使平庸之飼養員、教養員亦可使動物們馴服。

今天，中國的領導人，無論是主動為之還是無奈為之，遇上事情的第一反應依舊漢朝的「保甲制」思維，先網格化管起來再說。這在一兩千年過去後的今天，讓人感慨傳統思維的力量還是如此強大。漢朝實施保甲制時，只有幾千萬人口，持續了數百年，然當時整個地球上基本上民智未開。到了依然秉持「保甲治國」的清朝，世界上民智已開，保甲機制轟然倒下。時至今日，中國人口已由清末民初的四億上漲到十三億，保甲機制不可能再維繫全局；三十年前的改革開放，難道不是對保甲機制的鬆綁？

然而，為何保甲思維近年來又在中國抬頭？人們不懂得記取教訓嗎？這個弔詭的現象，可以用一位友人的名言解釋，他說，權力欲望是不變的，但是技術是翻新的。人類每次技術翻新，例如槍炮、飛機、電話、核能的發明或發現，權力都會順勢騎上技術的虎背。當雲端技術被視為一種極端有效的統治工具時，漢代以來的保甲法便在現在中國獲得了新生，資訊的進出可以集中管控，人民的行為可以網格化管理；一個大機房，十三億條電線，一個中央操弄自如的接線盤。

生命在中國式雲端環境中會如何變異？知名電影《侏羅紀公園》的小說原著中，有一句最深刻的話：「生命是堵不住的」。原本人工單性繁殖的恐龍，意外之下被注入青蛙的DNA，而青蛙這玩意兒，憋久了就會自動轉性，某些雄恐龍因此轉性為雌恐龍，此乃生命的自然需要也！

堵，永遠不是處理生命的妙方；人工養殖，也不能絕對制止生命外逃。一場大雨，能夠讓池塘中養殖的魚順流而出。幾百隻動物的動物園好管，但十三億的群體，用動物園的概念怎麼管？會發生些什麼變化？我們也許等不及歷史學家提供答案，政治家或小說家的回答可以滿足我們的好奇。

二〇一一年十一月二十九日

良民、刁民與公民

你是否相信進化論？在特定的環境下，有競爭力的物種會繁殖得越來越快，而沒有競爭力的物種會消失？如果你相信進化論，邏輯上你也必須相信「退化論」，那就是，物種的某個特性若退化了，代表這種特性在某種環境中缺乏備競爭力。

自古以來，中國官府眼裡的老百姓只有兩種：良民或刁民。聽話的叫良民，不聽話的叫刁民；逆來順受的叫良民，揪著官府辮子不放的叫刁民。「公民」的概念，一直到近代才出現。公民不與官方相對，官也是公民；只有尊法或不尊法、講理或不講理的公民，沒有良民或刁民。

今天的中國大陸，公民還是個新生物種，雖然比例很小，但卻令人可喜。在這群新興物種中，一份子碰上了陌生的另一份子，立刻會感知到彼此之間同屬一物種，立即放下心理戒備，相互進入公民狀態。然而，因為畢竟是稀有物種，公民遇上公民的機率不大；公民到他概念中的「政府機關」辦事時，經常撞上「衙門」，日常生活中遇到的人，經常是自甘卑微的良民或怒氣無處發的刁民。

因此，在中國大陸，公民這個新生物種，還不敢完全放棄良民或刁民的生存技能，必要的時候，他也可以變回良民或刁民。從好的一方面來看，這是他為了繼續進化而不得不披上的保護色；從壞的方面來看，他已發展出來的公民特質可能被消磨退化。

他最終會往好的還是壞的方向發展，根據進化論，完全看公民特質在今天的中國大環境中是否具備競爭力。雖然曾有一度公民特質似乎具備了競爭力，但壞消息是，近來環境對它越來越不利。主要的原因是……？你猜對了，因為官府發出的信號越來越清晰：你只要不是良民，就是刁民，別無選擇。

說「官府」而不說「官方」，因為參與其中的份子未必就是任職官員。它其實是一個以官職為核心，或因血緣、或因交情，或因利益而建立的的權力圈。這個圈子，在經濟大餅還夠分的時候，一度容忍甚至標榜公民特質的存在，但在經濟利益格局已經確定的當下現實中，他們對圈外百姓的看法達成了共識：那些不挑戰現有分配格局的百姓就是良民，那些敢於挑戰格局的人就是刁民。良民獎之，刁民懲之，獎懲交織而成的社會中，那些既不想做良民也不想做刁民而只想做公民的人，前不巴村後不巴店，成了這個社會裡空轉的齒輪。

曾經一度被追捧的公民意識、公民行為，如今在中國越來越沒有競爭力！小至擠不上巴士、地鐵，大至升不了職、賺不到錢、看不上病、上不到學，公民意識及行為越來越像「吃虧」的代名詞。在進化論的原理下，中國社會中的公民特質必將退化，良民及刁民特質將進一步強化。如果現有趨勢不變，未來的中國大陸社會將由三種「主流」成分構成：官府、良民、刁民。公民已經不是主流。

相較而言，台灣社會的主流成分已經是「政府」與「公民」，傳統的「良民」及「刁民」已經成為非主流。兩岸雖然同文同種，但各自的「主流」構成則全然不同了。台灣人到大陸，不習慣大陸社會的價值觀及行為規則，大陸人到台灣，則感到日常生活比較文明，道理其實就在於此。

然而不得不說的是，台灣的社會意識裡至今尚未洗淨「官府、良民、刁民」的陰霾，時不時地還能看到蛛絲馬跡，干擾著公民社會的進程。能否自我救贖，是進化還是退化，完全掌握在台灣人自己手中。如果台灣的政界商界和人民，在兩岸開放交流的大背景下自甘淪落入大陸的「官府、良民、刁民」分類系統，自我對號入座，近墨者黑，那真是可悲的退步。

二〇一一年四月九日

中國內部的一國兩制

中國歷史上，承平時期的城鄉人口流動不是問題。農業社會裡，農民安土重遷，離鄉背井是不光彩的事。清末以前，進京為官者在退休後也習慣的告老還鄉，回到本鄉本土做鄉紳。

二十世紀頭五十年，城市工業化與戰亂流離並存，城鄉人口移動加劇。中共建國後，從農民起義中獲益匪淺的毛澤東深知中國農民「水可載舟亦可覆舟」的道理，快刀斬亂麻的實施了一套中華三千年來從未如此嚴厲的人口管理政策：城鄉分而治之的戶口制度。從此，市民是市民，鄉民是鄉民，天人兩隔，一國兩制。這是一九五五年。

文化大革命貌似全國運動，事實上它只是一個城市居民的革命，百分之九十的農民只是被洗腦，並不允許他們流動串聯。城市之間的人口流動增加了，但鄉民還是守在他的水井旁。

嚴防遷移的戶口制度，加上工作指派制度，使得中國大地成為一個鐵鑄的蜂巢，每一隻蜜蜂都屬於某個蜂巢管制，隔壁蜂巢都去不了。偶爾出差，得要有工作證和介紹信，否則離了單位連個旅館都不讓住。《紐約時報》記者包德甫回憶他七十年代初到北京，旅店櫃台的同志問他：你哪兒？他一愣，說：我來住店。那位同志還是繼續重複同一句話：你哪兒？接下來的日子，他不論到哪裡，別人的第一句話都是「你哪兒？」，於是他學會了先出示記者證和介紹信。

中國改革開放以後，鐵鑄的蜂巢妨礙了生產力，區分人民等級的「一國兩制」守不住了。接下來的故事大家都已經知道。商品經濟追求流通，而流通就不能限制蜜蜂在蜂巢之間的移動。農村人開始被鼓勵進城，移民大軍，勢頭驚人。對於這部分移民，中國政府的統計數字中只涵蓋工廠和建築工仔，未包括低端服務業，如娛樂餐飲業中大量來自農村的年輕姑娘小夥子。事實上今天中國城市裡的農民工總數應該有二到三億人。

外資企業的派駐經理過去常用一句話教育內地員工：你身子是來上班了，下次把腦子也帶來。這個笑話，用來比喻今天的農民工處境也很貼切，但是這一次是農民工對政府說：你把我身子弄進城了，下次把配套資源也給我備上。

在外銷無限增長的假設下，十年前的中國政府根本顧不上農民工進城後的生活資源配套問題。等到後來發現問題時，已經來不及了。世界金融危機後，外銷下滑，矛盾更呈爆炸式顯現。

除了純粹的農民工，還有大量從小城市遷移到大城市的「外來人口」。他們也都是身子進來了，但戶口沒進來，而戶口是國家資源配置的一切依託點，舉凡教育、醫療、保險都得有當地戶口才能享受。

以北京為例，今天北京已有二千二百萬常住人口，相當於台灣總人口數，稱的上是「世界級的都市」，但其中有一千萬人沒有北京戶口。在北京市，今天要「搞一個戶口」，有關係的人得花十萬，沒關係的人二十到三十萬也得花。

過去戶口制度形成的「一國兩制」，今天依然如此，只是過去是地理隔絕的兩制，今天是同城混住的兩制。「同城不同權」下的生態食物鏈，著實讓主政者頭疼。身子已經進城的鄉民，權利意識日益升高；而遠在千里外山區的小姑娘小夥子，天天看的是電視上的燈紅酒綠，一心想進城。再過五年、十年，隨著逐漸開竅，中國大約有三到五億人會察覺到：原來農村過去被壓制的資源和享受，都被拿去補貼城市新富了。到時，他們肯定要「找補」。

中國經濟的成就，其實就像幾千萬聰明人兜裡揣著幾億張「信用卡」，透支的是農民的不對等低價勞動力。這一現象，經濟學博士稱之為「人口紅利」，我稱之為「農民工信用卡」。紅利用了不必還，信用卡花了是要還的。

這筆總透支額，中國政府現在還不敢細算，但五到十年內，不算也不行了。若真要求補償，所有的外匯存底拿來也不夠。

第二節　見微知著識中國

手機與蝸居

外人到中國做生意，尤其是初來乍到者，常有一個困惑：如何知道打交道對方的誠信度？大家已經知道，「參考參考」、「研究研究」、「一切沒問題」、「某先生請您放心」這些掛在嘴邊的話，就是代表有問題。大家也警覺到，如果聽到「困難度很大」、「我來想辦法」、「路子總是有的」這類話，很可能就是請你預備一筆公關經費。遇山開道、遇水搭橋，這些事情生意人都會。但是，如果一個項目巨大，需要找到真正誠信的長期夥伴，上述的小聰明、小鼻子小眼的小手段則是遠遠不夠的。

任何社會都有信用體系，否則這個社會無法運轉；盜亦有道，黑幫也有屬於他們的信用體系，否則無法運作。其差別在於這個信用體系的透明度。在美國，只需花錢，任何人都可以調查任何個人或企業的信用紀錄，那是透明的。但在台灣，信用的透明度就做不到那麼高，因此在台灣進行經濟交易，經常需要保人、本票抵押等條件，或者私下裡向親戚朋友打聽對方的信用。

但在中國大陸，則幾乎不存在具有公信力的信用資料，即使某家銀行願意提供其客戶的信用資料，你也不太敢相信。擔保品或保人？你根本搞不清楚擔保品的產權歸屬，也同樣查不到那個保人本身的信用。那麼，中國就沒有「信用體系」了嗎？當然不是！否則中國這些年來的經濟交易活動就無法進行。

在中國，「人」是否可信，是一切交易的基礎。和一個寡諾的人合作，即使他再有實力，你被欺負的可能性還是很大。因為他今天的實力，可能就是透過一次一次的寡諾累積而成的。和一個重諾的人合作，哪怕他一時失利，還是會儘量用其他方式彌補你的損失。因此，在中國，考察一個人寡諾還是重諾，就成為這個人能否長期合作的最關鍵指標。

識人，這門古老的學問，依然是今天的中國生意人的基本功課。每個成功的老總，都有一套他自己的識人術。有些招數原始，和早期台灣的生意人採用的差不多。例如，和對方喝酒，看對方敢不敢在你面前真醉，真醉時說的話和清醒時一不一樣。再如，找對方去三溫暖，看看對方是否敢於「坦裎相見」。場合裡的人都說，不喝酒，官做不大，不赤身，錢賺不多。

台灣年輕一代的商人，一方面已經不看三國演義、諸葛相面術、曾國藩治家、康熙帝王術等「傳統智慧」，另一方面又缺乏上一代的「原始招數」，因此在中國大陸要辨識一個夥伴的長期誠信，還真不是一件容易的事。

曾有內行人透露了兩個「不傳之祕」，或許可資參考。其一，看看對方給你的手機號，歷史有多悠久。例如，以「1360」起頭的號碼，表示這已經是一個至少使用十年的號碼，它的可信度超過一個以「1390」起頭的號碼。再探探對方有幾個手機號，如果他有超過兩個以上的手機號，表示這個人有許多不可透明的活動，或有許多複雜的圈子。因此，如果你能找到一個十年來只使用同一個手機號碼的人，就證明這個人是個不會扯爛、不曾坑人的人。

另一個識人術，說來荒謬，但在中國卻十分真切。曾熱播過的電視連續劇《蝸居》裡，有一位「惡官」男主角，卻意外得到了多數觀眾的同情及好感，原因是他雖然包了二奶，卻對原配不離不棄，即使在自己東窗事發時，還不遺餘力地安排了二奶及原配的出路。有情有義！在中國，一個人升官之後，如果對當年未曾發跡時的情人繼續照顧，多半就是一個可以長期合作的夥伴。

「聽其言、觀其行」，固然足以日久見人心，但是，初到中國的外人，恐怕賠不起這個時間。「觀其手機、探其蝸居」，可能是更便捷的方法。

再談《蝸居》

在中國，「政治正確」這條紅線是浮動變化的。即使你附和官方的宣傳路線，一旦你的影響力超過了官方的要求而深入人心，那麼你原來的政治正確就突然間變成政治危險了。這一情況，在中國的電視劇中不乏案例；例如，幾年前的《走向共和》一劇，深刻描述了清末民初中國政局的起伏，本來得到官方力推，後來官方發現，該劇意外引起了社會對當前政體的反省，便禁止播出。

此外，電影《阿凡達》在中國上映後，裡面的星球拆遷場景引起了觀眾對國內各地野蠻拆遷的附會聯想，官方於是突然間宣佈停演退票。而造成中國年輕人熱議的電視劇《蝸居》，就在許多人被網路上的若干激情評論勾引得想看的時候，突然被停播。在已經停播了半年後，在大陸網路上搜索「蝸居」，依然可以得到超過四千萬條目。如何評估這數量的意義呢？我們比較下便知：「胡錦濤」的條目是六千萬，「中共」的結果是一億條，中共中央舉國家全部政治力量宣傳的大片《建國大業》的搜索結果不到一千萬條。

對於《蝸居》中的許多細節，台灣的觀眾可能體會不出其強大的震撼力；但即便你把它當一部社會言情劇來看，《蝸居》還是很有看頭，值得一看。該劇處理了當今中國年輕人，尤其是八〇後世代面臨的幾種核心壓力：如房價、貧富差距、愛情及性價值、房地產商和官場的腐敗勾結，等等。這個虛擬的故事，映射或暗示的背景應該是上海市的陳良宇書記時代。陳良宇代表的勢力後來因腐敗而垮台，《蝸居》中揭露的官員腐敗以及對房價飛漲的控訴，本質上完全符合當前的中央宣傳路線。然而，該劇卻用文學手法以無奈二字作為最終的結論。不但好人無奈，壞人也無奈；房價無奈，貧富也無奈，愛情無奈，性更無奈，即便是腐敗的官員，也有人性的無奈。無奈，帶來的是無力的悲哀；無奈的人生，成為主流的價值觀。

劇中的經典台詞，數不勝數。例如：

「我的理想，就被這匆匆的人流推得無影無蹤。我不想抄近道，我更不想投機取巧。但是每當我看到那些不如我的人，因為插隊比我先拿到票，那些不如我的人，因為放棄了原則而省了十幾年的奮鬥，我真的不服氣。」

「凡是錢能解決的問題，就不是大問題。」

「早知道今天還是要放下身段，不如當初就乖乖擺好哈巴狗的姿態。」

「人情債，我肉償了……從現在開始我就步入職業二奶的道路。」

「關係這個東西啊，你就得常動。越動呢就越牽扯不清，要的就是經常欠。欠多了也就不愁了，他替你辦一件是辦，辦十件還是辦啊。等辦到最後，他一見到你頭就疼，那你就贏了，要風得風，要雨得雨。」

三十集的《蝸居》，故事發展到最後，做母親的向她那被「潛規則」後反而愛上有情有義的腐敗官員的二十五歲女兒說：「你有沒有想過，公家的人，他的權力本來就屬於人民，給你們的那些恩惠本來就屬於你們！」這句話，也許是全劇中最具震撼力的一句話！我奪了原本應該屬於你的東西，然後我還你一點，你還懵懵懂懂的感恩於我！就還你這一點點，你就得用你的青春、尊嚴來交換。

雖然《蝸居》中也加上了一些「政治正確」的奮發場景，也有許多輕鬆幽默的橋段，但是全劇背後的潛台詞是呼之欲出的：在生活中、工作中、感情中、經濟中，權力無所不在，以各種各樣的微妙形式影響著人們的作為，而妥協通常是最明智的選擇。

一位老知識份子看完《蝸居》後，在他的部落格上說，看了《蝸居》，他才意識到自己其實也是二奶，是被絕對權力包養了的二奶，雖然老男人不可能像年輕女子那樣做肉體上的二奶，但「精神上我們都是二奶」。

二〇一〇年六月二日

小三與二奶

小三、二奶、第三者，都是中國大陸頻繁使用的詞彙。搞懂了其中的差別，也就搞明白了大陸社會的大趨勢之一，或許還可以幫助台灣人瞭解自己。

「二奶」一詞，興於上世紀九十年代末期，「小三」一詞蹦起於二〇〇九年，兩詞的出現間隔了十年。二奶現象的早期主角為台港商人，但隨著大陸經濟起飛及本地富人的崛起，台港商人的相對經濟優勢一落千丈，在二奶圈內，台港商人後期已經無法與大陸本土的富商及權官競爭。

二奶與小三兩種稱呼的時間區隔是二〇〇九年；這一年，電視劇《蝸居》推出，片中，剛畢業的年輕女主角海藻，在無奈的現實中告別了清純，選擇歸順一個有錢有權、有情有義的男人。她實質上是被包養了，但大多數觀眾並不覺得那是一種簡單的「包二奶」，而是一個有教養、高學歷的女孩，在被中國獨特的社會現實折磨後做出的自我選擇；雖然不道德，然而卻出自一種可以理解的無奈。

從這部電視劇開始，小三不再是二奶，小三成為一個有選擇尊嚴的族群，開始被賦予一種「職業」形象，只是她們的「職場生涯」不在公司機關，她們諂媚的不是上級，而是已有成就的男人。她們是競爭者，不是順從著，她們鎖定了已經有社會成就的稀缺資源，用自己的天賦本錢繞開階梯，登上電梯。

正宗的二奶，大多為「七〇後」，也就是七十年代出生的人；她們的青春，正值九十年代台港商人意氣風發的時代。小三，則一定是八〇後甚至九〇後，她們的目光中絕無台港商人。當年，八〇後的名言就已經是「穿別人的鞋，走自己的路」，因為他們察覺到社會升遷的機會已經越來越少，路越來越狹窄，而競爭越來越激烈。十年之後的今天，八〇末期及九〇初期的年輕人，越發感覺到社會晉升的階梯已經斷裂，走幾步就碰上玻璃天花板。

小三的名言是，「在感情的世界裡，不被愛的人才是第三者」，「世上沒有挖不到的牆角，只有不努力的小三」。若稍換說法，其實就可作為中國大陸同齡男青年的座右銘：「在職業的世界裡，不被上司欣賞的人才是生產力的破壞者」，「世上沒有挖不到的資源，只有不努力的競爭者」。

小三現象，其實可以廣泛的理解為中國大陸社會資源的「零和現象」日趨嚴重。當社會成就越來越和權力、金錢、血緣、關係掛鉤的時候，沒有背景的年輕人自然會找捷徑；小三，只不過是透過兩性關係的捷徑取得成功而已。

隨著八〇後、九〇後的一代成年，隨著既得利益階層的固化，大陸的「小三捷徑動力」將在社會中發酵，而那些只懂得一步一步爬階梯的老實人對「小三們」的憎惡也會越來越深。

然而，女人還是弱者，當她們找捷徑時就會被批判；男人找捷徑時，即使破壞了一百個、一千個、一萬個家庭，往往可以「男兒志向」脫罪。女人，因此將為整個中國社會的某種共同驅動力背負　名。

《蝸居》一劇席捲大陸，也波及台灣。台灣推出的《犀利人妻》，也在大陸引起議論。一時之間，台灣海峽的兩岸，儼然共享了某種社會現象。但其實不然，台灣社會中的「第三者」與大陸的「小三」有著本質上的區別。前者屬於婚外情，通常發生在社會同階層之間，而後者固然也是婚外情的一種，但通常發生在不同的社會階層之間；前者爭的是同性地盤，後者爭的是社會資源地盤。

在八十年代，搖滾歌手崔健唱出「一無所有」，年輕人集體落淚。然而當時一無所有的年輕人，畢竟得到了二十年的闖蕩空間，他們中許多人今天已經是「一切都有」。相對於當時年輕人物質上的一無所有，今天的年輕人感覺到的是機會上的一無所有；當年，沒有人笑貧，因為大家都貧；而今天，年輕網友對社會的經典控訴是「笑貧不笑三」。

台灣的「第三者」現象，媒體最好不要輕易套上「小三」一詞。台灣，既不笑貧，也不欺弱，年輕人，不論男女，還有淚可落，奈何媒體不察其中差異？

二〇一一年五月四日

你不讓我做，我就山寨你

就像生物DNA的演化，文化DNA的演化也常常出人意料；深入骨髓的文化因子一有機會就隨著新的社會環境，靜悄悄的滲透到原先想像不到的領域，讓當局者驚訝又頭痛。中國古老政治智慧中一再反覆提醒的「見微知著」，「一葉知秋」，「防微杜漸」，說的也就是這個吧。

順勢而為，凡事不逆現實，四兩撥千斤，應該是中國人行事的指導原則，可算是中國文化的DNA。在這種根深柢固的反應模式下，中國人不會強行和現實過不去，而是順應大勢；然而當大趨勢中出現機會和條件時，中國人就會來一下四兩撥千斤。用最俗的話來說，就是中國人很會鑽空子。用林語堂在《吾國吾民》一書中的形容詞來說，就是中國人很「老滑」。

這種文化DNA，雖然妨礙了中國人創新，但常常可以幫助中國人在落後之餘迎頭趕上，因為順著現實大勢是最省力氣的，而抽不冷的來個「四兩撥千斤」又能絆上對手一跤。表現在市場經濟上，就是仿冒造假盛行，藉著別人品牌的勢頭，用最省力氣的抄襲，最低的價格、最快的速度、最誠懇的交易態度來一個四兩撥千斤。

這種文化DNA，絕對不是「傳統」中國人的專利，既然是DNA，它就會遺傳給八〇後世代，否則八〇後怎麼會出來那句著名的吶喊：穿別人的鞋，走自己的路。但是，八〇後身上的這個DNA出現了微妙的演化：他們開始不齒於純粹的「仿冒」，他們要有「自己」。

當七〇後（眼前三十五至四十歲的人）得意滿足於自己全身都是A貨時（A貨就是那種仿冒得如假包換的高檔貨），還在生活中掙扎的八〇後，其態度和尊嚴是「便宜但與眾不同」。對於這種「我沒錢，但我就是和你不一樣」的感覺，八〇後很貼切的叫它「山寨」。是的，淪為山寨的都是社會底層的非主流，但也都是願意風風火火過日子的非主流。

山寨概念起於手機，一時之間，山寨版手機席捲了年輕人的市場，各種仿冒但比正品還要炫的款式冒出泡來，新奇功能不斷被開發出來。這也不得不感謝具有同樣DNA的台灣所累積的三十年遊戲機、PC機山寨功力，支撐了大陸的山寨機爆發。好一場兩岸協力的四兩撥千斤！

故事如果就此結束，山寨動力就不能稱作一個文化DNA了。山寨感覺是如此的美好，如此的解氣、解渴，它以極快的速度滲透到了社會的每一個層面。劉德華遙不可及，但找模特公司弄個山寨版的劉德華來親近一下如何？中央電視台的百家講壇被批評壟斷價值觀，視頻網站上自己搞個山寨版的百家講壇來對抗一下如何？萬眾矚目的央視春節晚會是幾十年來除夕之夜的唯一選擇，辦個山寨春晚來擂台對抗一下如何？美國總統歐巴馬的就職演講鏗鏘有力，把歐巴馬的演講詞套成中國農民工的處境與願望，在廣州火車站發表一場山寨版歐巴馬演講如何？

以上，都發生了，但也都被消音了。為什麼消音？為的是防微杜漸。但是，不可否認的，黨政機器中還是有人認為山寨情緒是可以給與正面引導的。例如發生在雲南監獄中年輕嫌犯離奇死亡的「躲貓貓」事件，獄方一開始搪塞為犯人玩躲貓貓遊戲意外致死，引起全中國網民的質疑，當地宣傳部迅速同意由網民組成調查團，對案情進行獨立調查。這個明快的動作，其實就等同於承認了民間對政府權威的懷疑，允許民間組建一個平行於司法檢查體系的「山寨調查組」。這件事，最終雖然由於「山寨司法」不見容於「正統司法」而效果不彰，但卻顯示了中國社會中的山寨動力不容小覷。

你不讓我做的，我就山寨你。你壟斷的，我就做一個山寨版。這是中國人「順勢而為、凡事不逆現實、找機會四兩撥千斤」的傳統ＤＮＡ演化後的現代版。如果再過三十年，中國的政體還沒根本改變，當八〇後、九〇後都進入四十而不惑、五十而知天命之時，會不會出現山寨版共產黨呢？

二〇〇九年三月五日

記錄一件歷史不屑的小事

中共九十年黨慶，「信我者得永生」的媒體宣傳鋪天蓋地，就在此時，中國某城某別墅社區內，發生了這麼一件小風波。其實，那也只是幾十個人之間的一場口舌，旁觀者至多也就百餘人，這樣小的一個社會切片，相對於十三億人口的中國，可以說是連雞毛蒜皮都夠不上，然而，若取歷史投影儀將其投射一百萬倍，人們或許可以隱約看到中國的未來。

故事得從頭說來。話說這個別墅社區的環境很不一般，有大山有小溪，遠離鬧市塵囂，雄險中帶有靈氣，任何人只要在中間一站，環顧三百六十度，就會由然而生天地自由之情懷。因此，該社區將周邊大城市的英雄豪傑都吸引了過來。舉凡自認為特立獨行的好漢好娘，無不以在這社區擁有一片自己的天為榮。

略有遺憾的是，如同中國所有其他的社區，初期都有水電不順，業主私搭亂建、侵佔公地的現象，這個獨樹一格的社區也不例外。開發商在前期成功之後，開始擠壓空間，在原有規劃的綠地上蓋房。

業主們開始不滿意了；在態度上雖然普遍不滿，近千戶業主卻可分為三個族群：沉默一族，激進一族，安之若素一族。

沉默一族不得不沉默，因為他們是高幹子弟、法官、檢察官、公安、黨政軍高級幹部、企業主、知名學者。他們到這社區，就是為了安靜，他們希望在這兒沒沒無聞。激進一族，大多是年輕大小白領，退休老幹部，剛起步的律師，無社會名聲的學者，環保人士，有志難伸的中年人。安之若素一族，則是一批願意為周遭自然環境犧牲一部分文明生活條件的人，偶爾斷水斷電無所謂，因為可以自引溪水，自燒煤氣罐；社區內小環境被破壞了，還有周圍幾百平方公里的大山大樹。

爭議的焦點是業主委員會。成不成立？何時成立？以何種形式？

看似簡單，其實不簡單。中國的業主委員會，可不是台灣的大廈或社區的管理委員會，產權所有人自己一招呼就成立了；在中國，它必須得到地方政府的審批，開發商對物業管理費好處的放棄，三分之二業主的簽字同意。重重關卡之下，中國雖然有數百萬個業主社區，但順利成立業委會的恐怕不到百分之一，即使成立之後，依然由開發商主導的傀儡委員會也佔了大多數。

故事中的社區，激進鼓催業委會的人士也就數十人，然而，他們之間的分歧，勾勒出了中國今天的無奈，還有中國的未來。其中最奇妙的是，原本只是一場針對社區水電、景觀、安全、開支預算的討論，幾番回合之後，很自然的無限上綱成為對中國文明、中國政治、民主的本質、要自由還是要管制、中國政體、人類文明的世紀大辯論。

有人說，在中國的現況下，最適合的就是歷史上的「保甲制」，有人說保甲制就是連坐集權。有人搬出美國的社區管理學術理論，有人說中國不是美國。有人贊成讓政府監督，有人憤怒回應，選擇這個遠離城市的社區就是為了尋覓桃花源。有人批評對方將一個簡單的社區當作自己實現組織理想的試驗田，有人則支持將這社區打造為中國民間民主的典範。

業委會的成立過程，在三個月之內就好像一場運動。其間，可以清楚的看到近百年前的五四運動的脈絡，也像鏡子般的反映出近年來中共強力宣傳的「全國網格化管理」的精神滲透到每一個角落。最有意義的是，積極參加辯論的人中，無論持何論調，無一不嚮往古希臘的城邦民主，即使是支持「保甲制」、「網格化管理」的人也不例外，他們希望出現某種有中國特色的希臘城邦式的自在生活狀態。

矛盾嗎？是，也不是。這一代的中國人，一輩子經驗中只見過中共的組織形式，其他的都只是書本上的抽象知識、電影中的浮光掠影；抽象知識大戰浮光掠影後，最後落到現實中的只能是自己最熟悉的經驗。透過這個故事管窺中國，它或許投射出中國的下一步：民主自由如論如何發展，也只能透過人們腦中的經驗框架展開；這不只是中共的問題，而是一代中國人的問題。

不知有漢，無論魏晉，這樣的桃花源存在嗎？是以為記。

二〇一一年六月三十日

中國文化裡的小農心態

在大陸，常常聽到某人批評另一人有「小農心態」。辦公室職場有一個常見的場景是：當小白領某件事情辦不下去的時候，氣得牙癢癢的說另一個小同事：那個老農，這麼簡單的一個道理，怎麼腦袋瓜子就轉不過來呢？

什麼是「小農心態」？這概念可能還沒有得到社會科學的嚴謹定義，但作為一個通俗概念，它確實是一條理解當今中國風貌的核心線索。我們甚至可以說，不理解小農心態，就無法瞭解當今中國政治和經濟內的許多「外人難以理解」的現象。

從一個真實的小故事說起。中國的許多豪華別墅區實際上被農村包圍，城裡來的屋主有時需要在農村中找保母做長期家務。有些企業白領屋主很自然的把城裡盛行的「績效考核制度」應用到保母身上，每月基本工資多少，做得好月底或年底獎金多少。實施的後果是他根本找不到保母，或保母做了一個月就走人。長期習慣日出而作、日落而息的中國農民很「實在」，既然脫農務工，他們必須清楚的知道「每天」的工資是多少；跨時度的「績效」等於是「看天田」，每天工作結束後不知道最終收成有多少，有著極大的不確定性。

今天中國兩三億農民工的計薪方式都是日薪，他們只關心一天拿多少，腦中沒有長期價值的觀念，中國雇主也樂得不替他們辦養老保險及福利。年輕農民工亦然，這就是引起富士康的郭台銘先生跳腳的背景；富士康複雜的「階梯式績效工資」及那些保險福利，遠比不上「每小時加兩塊錢」的效果。複雜的東西，農民不會算！

中國傳統小農社會下的經濟賬是「零和」的。一畝土地，再努力也就收成多一點；用力一季，一場大雨或大旱，就可能顆粒無收，因此只能「盡人事聽天命」；未來誰知道，今天拿在手裡的才是實在的。幾千年下來，中國土地上的百姓的「經驗」總結就是逆來順受、聽天由命。因此，只有在飯都沒得吃的時候才會有「農民起義」這回事；只要讓農民有飯吃，中國社會就是穩定的。執政者只要安撫好了農民，城市裡再大的事也不過是「小打小鬧」。

中國能不能實施西式民主，一人一票從下到上？再說一個真實小故事。中國一位國務院的部長，退休後致力於改善農村經濟，他下鄉到了一個示範村，考察政府的「優良種子免費供應計畫」以及農村住房改善計畫。不看不知道，看了嚇一跳，許多農民將整袋的種子都燜了飯，吃掉了！有免費的飯吃是今天的實惠，農民不理解也不信任未來長期的事，改變耕作有風險，村幹部的後續作為也無法取信農民。他再到了一處政府花錢為農民新蓋的樓房，爬了五樓，到了一戶農民家；一進門這位前部長就聞到一股異味，是不是馬桶沒做好溢出了？不是，原來是農民在陽台上養豬！物盡其用，而且今天就要用。

我們可以假設，如果實施一人一票，中國的農村將成為全世界當事人心甘情願的賣票最嚴重的地方，買票率可能會到達百分之九十五以上。因為「實惠」最重要，今天到手的最實在。

老一代的共產黨創政者多是農民或農村環境出身的秀才，他們執政時，百分之九十五的中國大陸百姓還是農民。經過了六十年，今天中國百分之七十的人還是農民，百分之二十的人是被生硬拔出農村的農民工，只有百分之十的人口稱得上是真正意義的城市居民。從現實面來講，中國文化內的小農心態至少還需要兩至三代人才可能洗脫；如果順利的話，還需要三十到五十年。

當前，百姓的「看近不看遠」的小農心態，導致了「中國人需要被管」的集權結論，而各種高壓管制，又坐實了百姓「今天到手的才是真的」的價值觀。這個互為表裡的惡性循環，可說是中國文化的詛咒。

二〇一〇年九月十三日

當貧窮變成一種「身分」

如今的中國社會，普遍認身分，例如，你是幹部、學者、企業家身分、還是官二代、富二代身分。身分，就是一種社會角色的標籤。在許多時候，「身分」則被進一步固化為某種「資質」，如，幹部資質、大學教授資質、經濟師資質、電工資質、學歷資質。當身分被固化為資質的時候，身分的含金量就被提煉出來；因為所有的官方補貼，都以身分和資質為準。

今天大陸富人少，窮人多。中共中央正竭精殫力地避免進一步的貧富兩極化，保障窮人收入、補貼窮人的政策一個接著一個出台。但是，這些動作似乎正在落入一個「有中國特色的公共政策陷阱」：貧窮的身分化或資質化。

「窮人有理」是中國共產黨立國以來的核心價值觀，幾十年鋪天蓋地的社會宣傳已經讓這種價值深入人心；若論「政治正確」，莫勝於此。即使在經濟飛速成長、財富迅速累積的黃金十年中，這一價值觀還是強烈地體現在各種公共政策中。在法律條文上是人人平等，但是「比較窮的一方比較有理」還是一切紛爭或衝突發生時的潛規則。不論是交通事故、遺產紛爭、徵地拆遷、勞資關係、鄰里糾紛，甚至夫妻離婚，只要一鬧到公開檯面上，窮的一方總是能佔到身分的便宜。因此，有權有錢的人總是明白一個道理：與窮人打交道必須速戰速決，不能鬧到檯面上；而窮人們也開始明白一個道理：遇到事情時，第一時間就要訴諸「上頭」，訴諸窮的政治敏感性。

價值觀傾向窮人，本身沒有問題；富人讓利給窮人，本來就是一個正義社會應當具有的機制。但是，當下中國講究「身分」、「資質」的社會觀念，卻引發出一種獨具特色的經濟隱患。這隱患可分為兩方面：一方面是有權有錢的人裝窮或身分做假，進一步盤剝掉各種公共政策中對真正窮人的種種補貼；另一方面，就是窮人受不了眼前的誘惑，殺雞取卵，一次性使用完窮人這個身分的「含金量」，喪失了長期發展的機會。

前一種情況已經在發生。如中國政府為了降低低收入者的住房壓力，各省市都紛紛增蓋經濟適用房，由政府補貼窮人的購房款。但是，有門路的權錢階級透過身分造假，取得購房資質，再加價轉賣獲利，而負責認證流程的有權者也配合造假；「窮人」的身分認定，反而成為「接濟窮人」政策的攔路虎。知名經濟學家茅于軾老先生曾經撰文，呼籲經濟適用房中不設私家廁所，只提供公共廁所，這樣有錢人就不願去造假身分參與獲利了。

後一種情況也在天天發生。種種「耕地歸農」、「耕者有其田」的政策，換來的是無知的農民一次性的低價交換土地使用權，以換得現金。甚至，當「農民戶口」成為一種經濟資質之後，許多已經在城市紮根的移民紛紛前往老家恢復農民身分，爭取包地的資質。

在中國，只要會操作，「窮人」的身分資質也能用來賺錢！中央財政對窮人的補貼成為一個無底洞，越補貼，「窮人」的數量越多，一個應當「據理力爭」的社會，變成一個「據窮力爭」的社會。

在中國，凡是有政策，就會湧現鑽空做假尋租者；凡是有補貼，就會有雁過拔毛者。這已經是不可迴避的社會現實。在中國，補貼不能使窮人脫貧，用身分資質作補貼標準，更只會擴大問題。「補貼」這個傳統社會主義的工具，在中國已經開始失效。越補貼，身分做假越盛行，盤剝越有藉口，真正的窮人越難翻身。一個兼顧責任、權利、能力三者而發放的小額信用貸款體系，應該比補貼體系更能解決問題，但關鍵的前提在於市場化運作；只有在充分的市場化機制下，才能降低鑽空尋租、雁過拔毛的陋習。否則，任何信用貸款體系都救不了中國的窮人。

窮人不見得有理，但窮人需要機會！

二〇一〇年十月十三日

中國農婦曹阿姨的春節

群山環繞的李家沖村子，二〇一一年的春節，過得很不平靜。交涉已久的地產開發商徵地專案，開發商竟然真的開始付錢了。一個月之內，一半的村戶都與村大隊簽了約，拿到了一筆他們過去一輩子都積攢不起的錢。曹阿姨家被徵了十畝地，得到六十萬元人民幣，這筆錢，相當於一大家人過去三十年積攢下來總儲蓄的五倍，也相當於曹阿姨一人不吃不喝再工作五十年所能存下的錢。

李家沖的地，地產商付錢爽快大方，不得不說這得力於它是一個中央欽定的扶貧模範村，發生在中國各地的政府強徵土地，或村書記吃乾抹淨事件，在這裡沒有出現。但就是這麼一件事，徹底挑戰了李家沖村內的傳統倫理，原本互助的大家庭結構，一夜之間被逼為「父不父、子不子」的合夥關係，甚至冷冰冰的股東關係。

表面現象很熱鬧。就在開發商付錢之後一禮拜，十幾戶村民就用現款買了簇新的私家小轎車，雖然都是十萬元（人民幣）以下的大陸國產車，但呼嘯來去的架勢卻也著實驚人。緊接著，旅遊大巴天天開進村裡，眾村民活不做了，跟著一群衣著光鮮的年輕銷售員出門旅遊去。原來，七八家保險公司老早就釘上了李家沖，他們要村民買保險。

曹阿姨這陣子情緒動盪，一禮拜之內，她遇到了過去不敢想像的局面，為了徵地補償金，她的兒子小樹，在她的一句氣話下，選擇了分家。小樹才二十二歲，但已成家三年，閨女兩歲。照農村的老規矩、老倫理，小樹三年前娶媳婦時，曹阿姨老兩口在自家院內新蓋了三間房，作為小樹的新房。婚後，小樹一家的生活，全由曹阿姨照顧，小夫妻倆賺的錢，曹阿姨一分不要。去年，曹阿姨拿出了自己一年所賺工資的百分之六十，為小樹夫妻倆各買了一台電腦。曹阿姨逢人便誇小樹老實、孝順。

拿到六十萬的徵地款之後，曹阿姨高興的告訴小樹，她打算給小樹夫妻三分之一，二十萬，另外四十萬先存起來，以備小樹將來不時之需。按照農村的規矩，曹阿姨夫婦過世後，所有財產都歸兒子，女兒無權繼承。在曹阿姨看來，這筆錢終歸是小樹的。

小樹笑了笑。第二天一早，小樹正經的向曹阿姨開口，他要一半三十萬。錯愕的曹阿姨向小樹解釋，你們夫妻倆和孩子，吃穿住都在家裡，家用一毛不用出，二十萬夠你發展了，這可是我和你爸幾十年勞動都攢不到的一個數目字啊。你將來再需要，我們老兩口還不是一樣把錢拿出來。

雙方聲音越來越高，這是曹阿姨從未看過的小樹。小樹說，我是家裡唯一的男孩，家產本來就有我的一半。這在中國農村，道理就是如此。法律上雖然說，必須等到老人死後兒女才有繼承權，但在農村實際上是無效的。曹阿姨知道，即使拿到村民面前公論，小樹要求現在就分一半家產，沒人能說他沒有這個權利。

愛極小樹的曹阿姨，對這個一向老實乖順的兒子，憤怒之極，說了一句話：要不你就拿二十萬，一切還照舊；要不你就分四十萬，以後你一家人的生活費用你都自理，紅白喜喪的支出我也不替你付了，家裡還剩下的那兩塊地也都歸你。我跟你爸爸就用剩下的二十萬養老。

兩天後，小樹告訴曹阿姨，他選擇第二方案。曹阿姨是個剛烈性子，她當天就替小樹辦了一張四十萬的存摺。心理有愧的小樹說了一句狠話：那我在院子裡起一道牆，各走各門，你們老了，我也不養。

兩天後，曹阿姨登上了保險公司的大巴，把剩下的二十萬買了儲蓄保險。她對人說，不把剩下的錢存死，哪天小樹找她要，她也不能不給，買了保險，十五年之後保險公司每個月付一千元利息，她和老伴買米麵夠了，「等我們死了，保險金還是小樹的」。

有人問曹阿姨，你說你家還有兩塊地要轉給小樹，去辦了轉移手續了嗎？曹阿姨一笑，辦什麼手續啊，農村規矩就是這樣，到村大隊言語一聲，地就是他的了。父產歸子，天經地義，只不過是早一點給他罷了。

二〇一一年四月

曹阿姨如何做管理？

這是一個發生在中國農村的真實故事，情節很平淡，但若把它看懂了，也就對「在中國做管理」這回事瞭解得八九不離十了。

村名叫李家沖，位於山坳之中，土地貧瘠，只能種些紅薯、玉米等耐旱作物，近十年來得到政府照顧，開始種些果樹，村民收入提高，但人均也就幾千人民幣一年。

李家沖的改變，起於五年前地產商看上了這塊山坳地，在這兒開始蓋上了別墅。隨著施工的進度，李家沖的壯丁開始棄農，成了工地上的農民工，開始挑沙搬石頭做「小工」，機巧一些的學著做泥瓦工，和和水泥砌砌牆做「大工」。小工一天六十元，大工一天一百元，比起種地強多了。

故事的主人是一個婦女，四十來歲，瘦瘦小小，姓曹，姑且稱她為曹阿姨。曹阿姨性子剛烈，做事俐落，她的丈夫、兒子、弟弟都在工地幹活，她一人擔起農活及家活。一天，地產商的一個經理急缺人，看上了責任心強、快人快語的曹阿姨，請她去監工。曹阿姨有些猶豫，拋頭露面做粗活在村子裡是男人的事，她一個女人，從來也沒做過泥水活，還得去監管村裡的男人，不太合適吧？沒關係，地產經理說，我看你能做，準能行。

曹阿姨說，自己不帶頭做，哪能監工？於是她在其他男農民工的嬉笑及異樣眼光下，開始自己琢磨如何和水泥、沙泥比例、加水多少、砌牆工序；一個月後，她懂得比誰都不少，做的活比起其他工人還多。曹阿姨想，自己現在有資格指揮其他工人，於是開始真正監工了！

從她開始認真監工的頭一天，麻煩就開始了。首先，她那侄子搬十分鐘磚休息五分鐘抽菸，被她釘上了。侄子辯解說，前頭水泥和沙子還沒弄好，磚搬上去了也一時用不上，等水泥和好了再搬磚也來得及。曹阿姨說，那你就去幫忙搬水泥啊，後然回來搬磚，這樣工序不就順暢了嗎？侄子頂嘴說，又不是咱自家的活，姑姑你幹嘛那麼上心？

晚上曹阿姨向弟弟說起他兒子不盡心幹活的事，她弟弟不高興的說，你侄子做得不比隔壁某某人少，拿一樣的工錢，你得對他公平點。曹阿姨說，幹活就得又快又好，講究工序，將來到哪都有飯吃，做事怎能老向下比，為什麼不向上比？

曹阿姨因為工地忙，家裡果樹要收成了，她於是想請鄰居幫忙收果子，付工錢。鄰居說，曹家嫂子，你開口要我幫忙兩天，沒問題。但你開口要付我錢，我就不來了，我們村裡鄰居，難道我還替你打工？我要面子不要？

外地經理看曹阿姨監工認真，想請她做個小工頭，同時監督幾處工地。沒幾天，村子裡話就傳遍了：那個曹家女人坐享其成，到處指使別人幹活，她白拿錢。於是，凡是曹阿姨監工的工地，鄉親們都開始怠工。

地產經理很支持曹阿姨，說你村子的人哪個不好好做就不給他做，我們找隔壁村子的人來做。過了一陣子，李家沖村子裡又傳遍了一種說法：那個曹家女人拿錢給別村賺，不給自己人賺。

這就是李家沖村的真實故事。曹阿姨，一個大字都不識的農村婦女，卻天生具備了一個高級經理人，照我說，甚至是國際級別經理人的素質：不但注意流程，而且對結果負責；只向上比，不向下比；對事不對人。在農村的傳統裡，曹阿姨出不了頭。蜘蛛網似的親緣、鄰里關係下，養成一種文化，只能對人情不能對事情，難以形成團隊協作，工資向上比、效率向下比。

中國開放才三十年。即使在大城市中，「李家沖文化」還是無所不在。在中國做管理，不能不認識組織中隱藏的李家沖文化，但也不能忽略了，每個「李家沖」都有一個「曹阿姨」；如何發現曹阿姨、如何幫助曹阿姨突破她周圍的李家沖文化，正是在中國做管理的最基本挑戰。

二〇一一年四月

第二部

從世界看兩岸

台灣選舉看病理

大歷史觀看兩岸

第四章
台灣選舉看病理

第一節　生了病的台灣

台灣的焦慮迸發症

台灣生病了！各種病徵在選舉期間併發，投票前夕的文宣攻訐，就像一片一片的病理切片，提供了病源線索，並提示了治療方向。

一開始，文宣運動倒還算是雍容，隨著浪頭的激化，藍綠開始氣急敗壞，什麼暗器都隨手扔出。正是這些不假思索、自認為找到對方死穴而隨興抛出的暗器，拼出了一份台灣的病情報告。

評論家揶揄這些招數格調低，感嘆總統大選淪入地方政客似的肉搏戰。然而，若以醫家的高度來看，病癥再小，其必有因。指甲泛藍，可能代表嚴重的心血管堵塞，局部淋巴腫脹，可能是內分泌全面失調。

若把雙方攻防發出的所有暗器，撿拾起來平鋪到桌面，我們可以開出這樣一份診斷報告：由於經濟惡化，多年來累積的國家認同焦慮，已經蔓延到各行各業，甚至年輕一代身上；經濟階級分化所帶來的心理壓力，已經和認同問題糾結成為一個「病理共同體」，難以區分哪一部分是經濟問題，哪一部分是政治問題。

這個「病理共同體」，若任其持續發展，三、五年之內，不論藍綠誰執政，台灣將步入一種整體無奈、民間束手無策、政府動輒得咎的鎖死狀態，十年、二十年的蕭條可預期。這裡所說的蕭條不僅僅是經濟蕭條，也包括人民意志的蕭條、創造能力的蕭條。

做出了這樣一份診斷報告，其實並不稀奇。許多高層官員、學者教授、媒體人士，也都認識到了此點。但是，正因為這樣，台灣的病情才更加顯得嚇人。如此多的社會菁英都已經看到地平線上的烏雲，卻鮮見公開大聲疾呼者！菁英或保持沉默，或僅膚淺評之，或粉飾太平。

這令人有點毛骨悚然，好像走進一家醫院，一名病情嚴重的患者四肢攤開躺在病床上，無數醫生路過，老醫生說聲難治就轉身離開，跟班醫生開出無關宏旨的門面藥，一群無知的實習醫生則面紅耳赤地激辨這是誰家的病人，護士面面相覷、束手無策。這家醫院，沒有一個共識平台，因而沒有治理平台，病人入院後小病變大病，大病變絕症。

如何治療這個「經濟壓力加認同壓力」的複合激盪症？關鍵還在區分這兩種病原之間的主從關係，然後才能找到最佳下手點。究竟是在解決了國家認同焦慮後經濟就能重生，還是經濟重生了之後，國家認同焦慮就會自然緩解？

個人認為，當然是後者。首先，國家認同問題不是任何政策能夠解決的；其次，經濟好轉了，什麼心理問題都可得到紓緩，這是常識。主從關係理清後，剩下的就是「從哪根治」的問題了。

如何使台灣的經濟活力重生？如何增加就業機會？如何緩和貧富差距？此處提出一種策略主張，以抛磚引玉。這味藥方就是：擠出隱性的官有經濟！

台灣人均所得，已近兩萬美元。總量不算低，但多數人民無感，因為那只是統計，統計背後，還有分配結構的問題。綠藍兩營所唱和的，乃「劫富濟貧」，將矛頭指向有錢人，而這些綠藍菁英本身卻又都是有錢人，因此腆著臉互責也罵不出一個所以然來。國家的經濟大政荒謬得演變成一場「比清廉救經濟」的鬧劇。

台灣的經濟總量，若未及小民，那它跑到哪兒去了？藍綠菁英都暗示民眾，錢跑到大企業或巨富手中去了，甚至跑到大陸去了。此乃一種避重就輕的低級政治手法，不但有害台灣的經濟重生，也將引導台灣民心進一步陷入民粹主義。若不嫌話重，我們甚至可以說這是不分藍綠的台灣政客的共謀，意圖隱瞞台灣經濟裹足不前、財富失衡背後的最大肥貓：政府手中巨大無比、臃腫不堪的官有經濟。

台灣雖有票選，但政體還是落後的「贏家通吃」體制，無論藍綠都清楚勝選之後的權力爽快及肥肉滋味，各有通吃後的盤算。因此，藍綠之間已然形成一種誰都不願說穿的默契：官有經濟是肥美的，但必須放在碗底吃；執政後的利益足以雞犬升天，但碗面上必須只看到白飯。

政府碗底的官有經濟有多肥？恐怕連國有財產局都不清楚。目前造冊在案的國有資產估值八兆多台幣，但市場價值遠超於此，再加上歷年來「曲線轉進」的無從造冊的隱性資產，總體經濟價值乃天文數字。保守估算，由這個大盤子每年擠出二千億以上的浮支漏收，來進行社會重新分配，不但不是問題，還能增進政府效率。擠出肥肉，被影響的既得利益者人數可能只有百分之一，但其注入生產性經濟的效果可以惠及百分之九十九的小民。

二〇一二年一月四日

官有經濟為選舉亂象元凶

必也正名乎！台灣選民今天選出來的「政府」，本質上和現代定義下的「政府」有著很大的落差。無以名之，只好稱之為「台灣特色的官府」。

這個說法，乍聽之下很多台灣人可能覺得無法接受，台灣經過了二十年的民主洗禮，民意代表乃至總統，已經是一人一票選出，執政黨也已輪替兩次，縱有不足之處，但怎能自貶為「台灣特色官府」？

關鍵就在於，台灣的「政府」不只是一個純粹的代表人民治理公共資產、服務於人民的機構，而同時也是一個夾帶著巨大、不成比例官有資產的半經營性質機構。用通俗的話來說，台灣人民票選出來的是一個「裁判兼球員」的機構，先天就具有濃厚的「與民爭利」成分。

台灣政府固然已經具有一套常態的稅收、支出的預算制度，若單單從這膚淺的層次看，它是一個現代政府，然而，這筆財政預算在實際運用時，經常性的被各黨各級政客以各種貌似合法的手法瓜分，透明度極低。更要命的，台灣「政府」還同時具有會計學上所謂的「表外資產」，隱藏在各種名目的轉投資、事業單位、財團法人、半官半民協會等種種「小金庫」中。這一大批「表外收入」及「表外開支」，連政府麾下的國有財產局都弄不清楚，只有執過政的政黨老吏、或公務系統內的老公務員、或地方上的樁腳，才知道肥肉的所在及利益輸送方式。

這些「表內預算」的不透明部分，加上迷樣的「表外肥肉」，總量有多少？精確的數字從來沒有被揭露統計過，全台灣二千三百萬人中知道其大約體量及價值的人，恐怕不會超過一百人，而得以分霑雨露者，恐怕也僅有人口的百分之一。二千三百萬人中，絕大多數小民，分享到的僅是「政府預算表」中的透明部分；非透明部分及表外部分，誰執政誰通吃。

這是一個名副其實的台灣經濟腫瘤。由於其肥美且不受監督，已經嚐過執政滋味的兩黨，都希望維持其隱祕性。由於癌細胞已經蔓延至各個層級，任何政策美意在實施過程中都會遭到利益節點的無形阻力，導致流程效率低落，施政殘破無效。

從經濟統計來看，這塊腫瘤所製造出的各種不透明交易，也都會反映在ＧＤＰ數字總量上，但是，脫離了結構分析的「人均ＧＤＰ」僅僅是一個惑人的數字。它猶如一個人，頭被放入火爐，腳被放入冰庫，但這個人的「平均溫度」是舒適的。從經濟實務來看，一個社會中的任何資源，都應該有效率地加入整體生產循環中，最大化其經濟附加值。上述的台灣「政府」腫瘤，由於其隱祕性及狹隘的指向性，實質上已經將大量的社會資源，包括資本資源及人力資源，導向了經濟附加值最小化的活動。

龐大「官有經濟」的存在，導致了台灣政府一直無法真正的國家化，使得台灣的政黨成為贏家通吃心態下的利益集團。表面上的財政入不敷出，製造出政府財政吃緊的假象，「政府」只得舉債應付選民，而表外的官有資產，則落入百分之一的既得利益人士掌控。

如何將這塊腫瘤所把持的養分釋放出來，使其透明化地參與經濟附加值更高的活動，乃是台灣經濟自我救贖的關鍵步驟。我們雖然不知其精確數字，但保守猜算，通過「表內預算透明化」以及「表外資產回歸表內」兩方面雙管齊下，每年擠出的財源應該不低於二千億台幣，甚至高出此數許多。比擠出金額更為重要的是，私密的「官有經濟」堂堂正正地轉化為公開透明的「國有經濟」之後，台灣「政府」從此可以步上一個現代政府的正途，消弭政黨為了贏家通吃而追逐大位的病源，大量的人力資源也可以由「吃現成」被迫轉向「創新局」。

二〇一二年一月四日

人民幸福感殺手及其治理方法

如何提高台灣人民的幸福感？從二〇一二大選藍綠雙方相互恫嚇選民的內容來看，威脅人民幸福感的核心要素有兩個：國家認同的焦慮以及台灣經濟的困境。弔詭的是，操弄這兩項因素的正是打著人民幸福牌的兩黨。

極端地說一句，如果這兩個問題真解決了，現今的民進黨及國民黨就都要失業了！因此，為了維持勝選後贏家通吃的政體結構，這兩個貌似南轅北撤的政黨，似乎共有一個不可說的默契：必須保持人民的國家認同焦慮，唯有如此才能使得小民無暇追問經濟困境的元凶：誰執政誰通吃的龐大官有利益。

二〇一二大選，人們稱之為「藍綠惡鬥」，然而很少人能夠說穿「惡」在哪。本系列文章主張的是，惡在兩黨都操弄選民的民生焦慮及認同焦慮，而共犯式的迴避這兩種焦慮的共生病源。兩黨為何迴避病原性議題？道理很簡單：勝選後的「執政基礎」，如權位分派、利益擺平，都還得依賴這些病原來達成。最為可惡的是，選後不論勝負，為了四年後的下一場鬥爭，政客們在維持選民的焦慮上必須默契，以人民的幸福感作為政權的代價。這真是「政體不仁，以萬民為芻狗」！

官有經濟在台灣是個歷史遺留異數，不但還沒市場化，甚至還沒國家化，哪個政黨執政後都能上下其手。它的存在，導致政黨成為逐利的團體，政府成為與民爭利的機構，民意代表成為密室分贓的要角。其對台灣政府效能、經濟活力之殘害，前文都已述及。然其危害最大的，恐怕是台灣的民氣，以及台灣在世界上的主體性。

由於兩岸問題的真實存在，台灣社會具有高度的國家認同焦慮，而長期的經濟停滯下的民生焦慮，又詭異地與認同焦慮相結合，形成了一種複合式焦慮：經濟若不依賴中國大陸，台灣經濟沒發展！這是台灣人自己給自己設下的玻璃套子。在這套子下，台灣人停止追問經濟停滯現象的內在制約因素，而只會機械反應式地怪罪世界、賴在中國大陸身上。長此以往，台灣的經濟就真的只能依靠來自彼岸經濟體的「陳光標式」接濟，台灣的世界主體性也將淪為彼岸「國際空間接濟」的對象。換句話說，台灣的歡笑與愁苦，操縱桿將落在彼岸。

事實上，彼岸政權最樂於看到的，就是台灣的官有經濟繼續隱祕，甚至壯大。中國大陸今日的經濟主體，口號上稱為「國有」，但實質上卻是「官有」，在其經濟融合台灣的大目標下，台灣的官有經濟乃是其最佳接軌點。台灣的政客，不分藍綠，若起利益私心，最現成的辦法也就是通過選民監督不到的各式各樣官有通路，諸如財團法人、基金協會、亦官亦民的轉投資公司等等，進行利益架接。

解套之道，還在台灣內部。台灣人必須比過去嚴厲十倍的，面對台灣政體內部的制約因素。龐大官有經濟的隱性存在，正是制約台灣經濟發展的最關鍵因素之一，而解除這個惡因的能力，百分之百掌握在台灣人自己手中，與世界經濟大環境完全無關，也與中國大陸無涉。在這點上，台灣賴不了任何其它人。

如何擠破官有經濟，使其透明化、國家化？解決之道既難，也不難，可以用四個步驟來達成。首先，國有財產局採用上市公司一般嚴格的會計治理標準，對全部含有國有、公有財產痕跡的對象進行一次普查，從一級、二級、三級乃至N級，鉅細靡遺的造冊。除去當時的取得/投入價值，加列當前的市場價值。其次，所有在冊之單位，無論其屬性為營業、事業、公益、政府，其所有交易均依當前市場價值，按照國家稅法課稅。第三，政府公開總統府、行政院對在冊單位所可直接、間接指派的職位的清單，並將指派理由上網備查。當這份清單透明化時，人們當可理解台灣總統權力之大，超過美國總統或任何其他現代政府的總統。他可對官有經濟內的五千個至一萬個大小職位進行幾乎不受監督的任命。

最後，立法院黨團協商由密室機制改為公開，允許公民旁聽，甚至網上直播。

官有經濟，乃台灣一切政治亂象之母，也是台灣經濟政策停滯的根本原因。不治它，台灣人民的民生焦慮不會緩解，而民生焦慮將持續催動國家認同焦慮，直至不可收拾。二〇一二的勝選者，若不明快地將官有經濟國家化，你將會是台灣的罪人！

二〇一二年一月四日

大總統制乃台灣經濟的罩門

台灣的「政府」，究竟是哪一種政府？它是不是西方現代政治學下所形容的「政府」？這個問題，在台灣好像是個不用再追問的問題。當年在老國民黨一黨專政的戒嚴時代，黨外人士還在不斷質疑政府體制的合法性與合理性，但在政治解嚴之後，反對黨不再追問「這個政府」的問題，而是集中精力爭取「這個政府」的執政權。一九九六年全民普選之後，就再也沒有人質問台灣政府體制的合理性，似乎只要是一人一票選出來的政府，就是一個合乎正義原則的政府。

然而，有沒有這樣一種可能：即使已經邁入了第五次的全民普選，兩度政黨輪替，今日台灣的政府體制，依然擺脫不了台灣在一九九六年之前的傳統結構，導致台灣停滯不前？換句話說，不論哪個政黨掌政，台灣的貧富差距、國土亂象、經濟不振，密室分贓在現行政府體制下都無法找到解決方案？

這提問在今天的台灣，不論對藍還是對綠，都屬於極端的政治不正確。藍綠都堅稱，只要自己執政，在現有的政府機器下，就能解決台灣的內部問題。選民也僅僅在追問「誰當政能把我照顧得更好」，而不問台灣政府的體制本質。而主流學術界，也僅僅在西方成熟的政府理論下，點評台灣政府機器的效能，好像台灣的政府已經是一個現代的體制。

然而，萬一實情不是這樣呢？萬一台灣的政府體制，先天上就是無能、無效的呢？萬一台灣在一九九六年全民普選以來，台灣人自稱的「民主」對傳統體制的改善壓力，已經走到了它所能發揮的效力極限了呢？萬一由於台灣政府體制的先天缺陷，台灣日後的發展只能原地打轉呢？

許多證據顯示，台灣的政府機器，已經觸及了效能的極限。就像一部車子，先天的結構導致它的時速無法超過一百公里；過去由六十公里加速到一百公里時乘客感覺很爽，但到了極限一百公里後，換誰來開車，結果都一樣。開車人為了保住駕駛座，嘗試了各種花招，換檔、換機油、換輪胎，但結果還是一樣。此時，乘客怨聲連連，於是「換個駕駛人開開看」呼聲四起。

此處僅舉一例。台灣的政府先天上就是個權力集中的大政府。全民普選，不過是決定由誰來贏家通吃罷了。單單從官方的財政數字來看，台灣政府掌握的國家資源比例合理，但是若加上國營企事業單位，官股轉投資，成百上千的各種部會的小金庫基金，政府掌握的隱性資源驚人。絕大多數選民，並不知道台灣政府其實是個巨大的胖子，身上到處都是肥肉和贅肉，連國有財產局都弄不清楚政府隱藏在各個角落的資產及財富。

台灣只有職業政客瞭解其中奧祕，知道哪個單位擁有哪些「含金量」；以前只有國民黨政客知道肥肉在哪裡，民進黨經過了多年執政，也早已知道肥肉的所在及滋味。不論誰當政，都不願意將肥肉公諸於世，等而下之者狂吃肥肉，清廉自詡者也難敵肥肉共犯結構，自身一介不取，然亦深諳肥肉酬傭固本之理。

台灣的總統一旦選上，就一人集大權於一身，他可以直接政治分派的職位超過五千個，除了檯面上少數的政務官員，其中絕大部分是不透明的「肥肉職位」，國家資源的分配權力遠遠大於美國總統或任何西方政治領導人。我們可以猜測，台灣GDP的百分之五十以上，操控桿在總統府；台灣政治體制的問題不在「大政府」，而在「大總統」。

總統如此之大，難怪選舉時賤招百出，難怪識得其中奧妙者「西瓜偎大邊」。選後，一百公里速度的車在肥肉贅肉的拖累下還是一百公里，攸關全民的真實議題還是搓湯圓仔。食肉者狂啖之餘，貧富差距靠補貼、失業問題靠浮貼、經濟政策靠吶喊、國土政策任其殘破、地方利益密室分贓。

解決之道既難也不難。首先，國有財產局調查並公佈所有國有財富及資產，鉅細靡遺。其次，政府公開總統府、行政院所有可指派的五千個職位的清單，並將指派理由上網備查。同時，立法院黨團協商由密室機制改為公開，允許公民旁聽，甚至網上直播。

二〇一二的總統侯選人中，有人敢做這樣的承諾嗎？

二〇一二年一月一日

雞與蛋：台灣的世界與國際之爭

先有雞，還是先有蛋？因為有了雞，才生得下蛋，還是，先有了蛋，才孵得出雞？這個問題，你有答案嗎？

如果有一個人，手頭有一枚蛋，不去孵它，卻天天坐在蛋前苦思先有雞或先有蛋的問題，直到這枚蛋壞死，你會不會認為這個人很呆？

在當今地球上，究竟是先有國際身分，才有世界舞台，還是先有世界舞台，才有國際身分？今天的台灣就像上述那個人，手頭其實已經有了部份世界舞台，卻天天坐在家裡苦思國際身分何在。甚至有一部分人，竟然相信若不先確定台灣的國際身分，所有的世界舞台都沒有意義。

台灣的部份人士，堅信如果台灣不先得到國際上的身分認可，所有不以台灣稱號參加的世界舞台活動，都是一種屈辱。他們，相信必須先有雞，才可能有真正的蛋。他們，不相信手頭的那一顆小蛋，若夜以繼日的去孵化，有朝一日可能孵出雞來。

這種「見雞不見蛋」、「不見雞不孵蛋」的偏執，已經使整個台灣陷入了「先有雞還是先有蛋」的全民辯論，吸走了寶貴的精力，嚇得人們在世界舞台上謹小慎微，綁手綁腳。

在深怕政治不正確、動則得咎的恐懼氣氛下，多數公家機關或公款支助的外訪活動，主事者寧可悄悄進行，也不願曝光後被人追究「你究竟是以什麼名義出席該場活動」。曾經詢問政界人物，為什麼近年來台灣人民的世界觀如此狹隘？得到的答案是：由於中國打壓台灣的國際空間，台灣被排斥在諸多國際場合之外，媒體也因而失去了廣為報導的興趣，因此台灣人民的視野就越來越窄了。然我繼續追問，台灣近年來各級官員、民意代表、學界、行業協會等等機構，公費出國參加活動的預算是否不斷增長？答案又是肯定的。

由此看來，台灣參加世界舞台的機會不是減少了，而是增加了。然而，為何這些參與世界事務的人士，不願意將他們的世界經驗向媒體公開，進而與民共享？大量公款帶來的世界經驗，僅僅納入少數個人的腦中，使得多數人民世界觀狹隘，媒體陷入自家人的政治自殘，或李家阿媽的貓咬了王家阿伯的狗的街頭趣聞？

我敢打賭，某間大學的某教授最近曾用公款造訪中東地區，觀察中東的政局，但我不知道他是誰，媒體也不知道，台灣人就此失去了從自己人口中得知有關中東的知識。我也敢打賭，最近必然有氣象系統的公務人員參加了若干世界氣候的會議，然而我們都不知道。台灣駐英國代表最近有什麼可以拓展台灣人民視野的觀察？台灣人不知道。台灣駐新加坡代表究竟因為什麼事而惹惱了新加坡？沒人敢說。中央研究院參加了無數的世界學術會議，沒人宣傳報導。

廣大的台灣人民，以為台灣已經被「國際」孤立，卻不知道台灣的菁英正在用人民的納稅錢，頻繁地與「世界」接觸。公款菁英們，出國造訪前保持隱祕，回國後保持低調，酸甜苦辣都只留在自己肚子裡，因為怕「政治不正確」，少說少錯。久而久之，原先擔心政治正確的心理背景，甚至內化成為菁英們「有肉藏在碗底吃」的自私保位潛意識了。於是，台灣人民的世界觀低落，一概都賴在中國打壓這理由上了。

中國，已經成了台灣自我村落化、自我地方化的理由。萬事賴中國，也成了部份台灣人尋求自尊的基礎。也許，這正是北京希望看到的成果：一個脫離了中國概念就無法定位自己的台灣，一個只有依附中國概念才找得到主體性的台灣。

何時，台灣才能跳脫「必須先有雞才能有蛋」的思維？何時，台灣才能意識到，地球上的「國際」思維已經開始式微，取而代之的是「世界」思維。在式微的「國際」層次上，中國可以打壓台灣，但是在新興的「世界」層次上，台灣海闊天空。

台灣人還不理解，在國際勢力這件事上，中國是頭段班，但在世界品牌這領域，中國卻是末段班，而台灣已經逼近頭段班。台灣只需放下雞和蛋誰先誰後的迷思，擺脫政治正確性，讓它的菁英無後顧之憂，公開痛快地參與世界舞台，並與台灣社會共用經驗，其實就可以立地成佛。

只有當台灣人民真心關懷世界時，世界才會給與台灣主體性。只有當台灣具有世界主體性時，中國才會真正的尊重台灣。屆時，兩岸之間就不是什麼國際空間的問題了，而是如何攜手走向世界的問題了。

二〇一二年二月一日

財改、稅改，不如政改

台灣政府正在緊鑼密鼓地籌備財政改革以及賦稅改革，然而台灣真正需要的是政體改革；在現行政體之下，恐怕財改及賦改僅能收一時之效，還不論其顧此失彼的後遺症。

不看好眼下的財改及賦改，道理很簡單，因為其動力首先來自政治考量，其次才是經濟考量。在「選票最大化」、「百分之五十一的選民民怨最小化」的潛規則之下，任何財改及賦改都將失去其真正的經濟意義。

許多人默許這種政治化，因為美國也是這樣，好像馬英九是歐巴馬，國民黨、民進黨是美國的共和黨、民主黨。君不見，美國的財政、稅政糾紛，不都在圍繞著選票打轉嗎？

坦白講，這種心態，就像一個小孩子抽菸，理由是「大人都抽菸，我為什麼不能抽」？台灣不是美國！再講一次，台灣不是美國！美國的人口是台灣的十多倍，經濟體量是台灣的數十倍，政治是聯邦體制。美國還是世界第一強國，掌握著全球海路以及通用貨幣，美國以選舉掛帥的國內政治如果有一天折損了國力，美國有一百種方法從世界其他國家掠奪資源來彌補它那經濟上「失去的二十年」！

而台灣呢，再以選票掛帥折騰自己十年，恐怕就要落入「失去的百年」了。台灣的政府體制若再繼續落後於其選票狂熱，恐怕將被未來的歷史學家蓋棺論定為一個「曾經激發中國大陸進步，但卻為自己片面的選票掛帥文化所拖累，乃至龐大臃腫的政治體制無能自清，食之者眾，生之者寡，繼而沉淪的地方」。

成也蕭何，敗也蕭何。台灣的選舉制度贏得了世界的美譽，卻沒意識到，美譽的來源其實是旁邊有一個中國大陸作為對比的結果；如果明天中國大陸從太平洋消失了，單以台灣論台灣的話，台灣政體內的種種沉屙，諸如司法的隱祕黑暗、公共工程的金權黑箱、地方議員的分贓、立法院的私喬利益、官有經濟的肥肉等等，將難逃世人的目光。沉迷在選舉美譽下的台灣人，若再不將注意力轉移到政治體制改革上，繼續容許藍綠政客用「中國威脅論」遮掩其輪流做莊之實，台灣之希望幾稀。

財改，無非就是為了增加政府的財政來源，讓政府的公共事務能夠辦得更好。事實上，只需將上述的政治沉屙去除一部分，就可每年節支二千到四千億元，何需另求？執政者不分藍綠視而不見的原因無它，選票而已。雖然那些政、商、樁腳一體的幽暗集團所牽動的選票可能只有總票數的百分之五或十，但那已經是決定勝負的關鍵。台灣的前途，已經被選舉綁架了；百分之九十以上的台灣人民，已經被百分之五到十的選票綁架了！

稅改，只有兩種目的，刺激投資或求稅賦正義。為了選票，藍綠的原始反應就是劫富濟貧，但因雙方要爭取的選民結構、選區不同，因而對於「富」的定義也大不相同；在此背景之下，台灣的稅改恐怕最終以鬧劇或亂貼補丁收場，既得罪了投資者，也達不到正義。

劫富濟貧是遠古的概念了，而今是現代經濟，透過經濟活動以致富的人無罪。真正該做的是劫肥濟瘦，而今天台灣最肥的、最不合公義的，就是前述政治沉屙中的幽暗共生體。該做的不做，盡搞一些花招，還是為了那百分之五到十的利益關鍵選票。

今天的台灣是一個重重被綁架的結構；百分之五到十的黑暗利益選票綁架了選舉，選舉綁架了政客，政客綁架了中國威脅論，中國威脅論又綁架了剩下的百分之九十以上的選民。可憐的中國，它對台灣確實很霸道威風，但也糊裡糊塗得讓台灣的政客吃盡了豆腐。

這次是國民黨贏了，但若是民進黨贏了，你猜他們執政後最先做什麼事？你猜對了，如果民進黨當政，第一件宣傳的事也會是財改、稅改，然後國民黨也會嘲之弄之。兩黨都要呵護那隨著黑暗利益搖擺的百分之五到十關鍵選票，因為二〇一四年地方選舉要來了。可憐的百分之九十，他們不知道該討伐的不是靠打拚、投資致富的百分之十的「富人」，而是體制下輕鬆坐享其成的百分之十的「肥者」。

二〇一二年一月二十四日

清廉掛帥代價何在？

今天喊清廉最響的地方，不是台灣，而是中國大陸。然而，中國大陸也是當今世上最為腐敗橫生的地方之一。

當今世上杜絕腐敗最成功的地方，乃新加坡，而新加坡是個清而不廉的國度。他的總理，即使薪水打了六折，還是美國總統的四倍，台灣總統的九倍。

清，就是透明，廉，就是低價。透明可防止腐敗，而低價可滋生腐敗。美國總統的薪水是新加坡總統的四分之一，是否意味著他的腐敗機率就是新加坡總理的四倍？當然不是，因為美國的司法獨立，而且總統下位後就沒有人再以清廉來要求他，他大可著書、演講、顧問而獲利。新加坡司法，相對美國而言，並不那麼獨立，但它過程透明，政府明明白白的告訴你，什麼條件之下它會對司法進行干預。新加坡還鼓勵菁英富有；有錢，在新加坡不是罪過。

中國大陸施政，既不透明，也不節約。它把清廉喊得震天價響，官員幹部薪水壓低，結果只能是人人尋租，隱祕自肥。大陸的地方書記感嘆，薪水還請不起一桌宴席，然而全天下的人都知道，明的暗的公款消費，至少是他的薪水的一百倍。由於要求清廉，整個大陸的官場已經被迫進入一種集體掩耳盜鈴的狀態，官官相護，但是為了交差，權力鬥爭的同時舉報對方的不清廉，誰勢弱誰倒楣，也成了官場的慣技。

台灣也敲鑼打鼓地以清廉號召選票，政黨互抓對方肥貓。政府官員以及政治指派的准官員，薪水低落，在司法及施政都不夠透明的情況下，你猜結果會如何？

在我看來，結果只能有兩種。一種就是「一分錢一分貨」，官員及准官員水準落入平庸。另一種就是引來一幫聰明的壞人，猛鑽司法不獨立、施政不透明的空子。

有人以蔣經國時代的清廉掌政為例子，引古思情。但是，當年乃「家臣體制」，領袖可以照顧你一輩子，甚至恩及子孫，至少衣食住行不必擔憂，補貼豐厚。而今，官員下台後必須自己吃自己的；為官清廉、下台無依，人傻啊？

喊清廉，在中國政治文化內乃千年傳統，但它從來沒有帶來過好結果。千年的負面經驗，而今尚不吸取教訓，為何？原因應該也只有兩種，一種是上位者缺乏現代經濟學的常識，搞不清楚人的利益動機與個人行為、社會機制之間的互動關係。另一種就是「揣著明白裝糊塗」，深諳中國文化內「水清則無魚」的道理：明清暗渾乃保持政權的必要條件。

台灣不是大陸，理應跳脫中國傳統內那許許多多的似是而非的道德口號。既清且廉，可以作為個人的道德修養，但不能作為執政的第一標準或社會的唯一標準。作為國家的治理機制，清遠比廉來得重要。

司法透明、施政透明，才是台灣的下一步出路。清廉掛帥，我們更擔心，因為那代表台灣未來的官員及民意代表將由庸才或聰明的壞人出任。

二〇一二年一月九日

第二節 選舉的兩岸學

大選：東方式的福禍相依

二〇一二台灣大選的過程及結果，為東方式政治鬥爭學歸納出了一個至理：相生相剋，乃化解衝突的最佳生態。

西方政治鬥爭學的主流思維，以博弈論（Game Theory）為核心；博弈論說，衝突之下一定有贏家、輸家，在任何博弈場景中，輸贏一定是零和（Zero-Sum）的，桌上只有那些肉，他多吃一塊，我一定少吃一塊。東方的相生相剋思維則完全不同，陰中有陽，陽中有陰，你多吃了一塊肉的後果，其中必有值得我去開發的好處，我多吃了一塊肉，也一定為你留下衍生性好處的餘地。福禍乃相依。

大陸與台灣、國民黨與民進黨、中共與台灣政黨，其間究竟是博弈關係，還是相生相剋的關係？台灣是大陸之禍，還是福？今天台灣人看大陸是禍，下一代台灣人會不會看大陸是福？國民黨與民進黨是互為禍害，還是互為福氣？台灣之政黨民主，乃中共一黨專政之禍，還是福？

台灣的政治進展，沒有當年的老國民黨，哪有今日之民進黨？沒有民進黨，哪有今日的新國民黨？沒有李登輝，哪有陳水扁；沒有陳水扁，哪有馬英九；沒有馬英九，哪有蔡英文？

當年，若沒有蔣介石這號人物，毛澤東將失去準頭。沒有大躍進、文化大革命，哪有改革開放？沒有中共鎖國，哪有台灣的經濟起飛？沒有中國美國建交，哪有蔣經國對台灣的解嚴？

兩岸關係，實乃福禍相依；台灣內部的藍綠鬥爭，亦乃福禍相依。某期間看起來是福的狀態，十年後就演變為禍，反之亦然。但是，相生相剋是一種動態，並非因果關係；智者，必須在福中消弭禍端，在禍中尋覓福端。換句話說，智者必須在適當時機「政治不正確」，甚至唱反調。

二〇一二大選，充分體現了台灣內部以及兩岸關係之間的相生相剋特質，更為重要的，它靈光一現地捕捉到了兩岸乃至整個中華文明的「福禍生態」演變中的一剎那。在這一剎那的切片上，我們看到了「福中消弭禍端、禍中提煉福端」的機會。兩岸的政界、知識界、媒體界，是智是愚，端看接下來的作為了。

欣慰的是，到目前為止，智多愚少。選前兩個月，中南海真的不知道誰會勝出，陷入極度焦慮。然即使在焦慮之下，相生相剋論還是壓倒了博弈論。如果蔡英文大勝，對於中共當然是個禍端，但何妨藉著台灣禍端的張力，順勢為自己手頭的其他禍端消消毒？香港二〇一七年即將面臨特首直選，正好藉著台灣二〇一二，鍛煉一下自己遠距柔性影響選情的各種技能。開放第三方媒體直播台灣大選辯論及即時開票，以緩解國內的民主壓力，一方面釋放出「我並不那麼頑固」的信息，另方面也告知異議份子及國際，「我對繼續執政是有信心的，你別胡思亂想。」期間正好發生廣東烏坎村事件，兩害相權取其輕之下，中南海也順著國內百姓關注台灣大選的氣氛下，印證了它一向來掛在口頭的「基層民主」。

選舉結果的當晚，馬英九的一句奧運選手式的「我們贏了」，蔡英文的坦然認輸並祝福對手，在螢光幕上震撼了大陸菁英及網民。隨後而來的各種讚詞讚文，此處不必贅敘，然而，在台灣人得意洋洋之際，來日的細微禍端卻也在累積。大陸人民對二〇一二大選的所有感動與讚譽，都基於一個前提：台灣和大陸是一家人，台灣的民主，證明了中國人也可以民主。就像運動會的獎狀，只能發給承認自己參加了運動會的人，台灣人若大大方方地上台領取了大陸人民所發的二〇一二獎狀，而再堅持自己與那場「中國運動會」無關，那將大大地傷了大陸人的心；猶如遊子衣錦而拒絕還鄉，同母異父兄弟中一方發達後拒認對方，其間所誘發的禍端，有一天將讓台灣人付出沉重代價。

六十年前，台灣與大陸同為皇朝專政遺緒，就像同一間重症病房內的一對病友；今日，病友中的一位由於身軀較小、排毒較快，已經得以起床至小花園享受鳥語花香，而另一位卻因身軀過大排毒不易，還困在床上化學治療中。前者，因為身分證被後者扣住而無法脫離小花園遠行，後者，因為親睹前者的病癒經驗而對未來充滿盼望。兩岸之間的關係，不是博弈論下的從屬關係或競爭關係，而是相生相剋的先後病友關係。

兩岸之間，並非「一國兩制」關係，亦非「特殊的國與國」關係，而是「特殊的先後病友」關係。認清了這點，善用相生相剋，兩岸才能跳脫惡鬥，共盼那小花園外的花花大世界。至於民進黨與國民黨之間，又何嘗不然？

二〇一二年二月四日

二〇一二，共產黨勝選？

馬英九總統勝選，據說乃因為選民害怕失去九二共識後失去大陸的經濟支持。據說，南部的飯店業者、旅遊業者、攤販，在投票前兩個月就感受到了失去兩岸經濟的可怕。據說，選情緊繃時大台商、科技界跳出來挺九二共識，也是害怕失去中國的政策支持。

選後，這股「失去中國經濟支持」的恐懼繼續發酵，媒體名嘴推波助瀾，甚至推論出了台灣的四大「慘業」，DRAM、面板、太陽能、LED，如果不開放給大陸相關產業方投資百分之二十以上，就要統統完蛋。

台灣的產業的確需要開放，而且必須徹底的開放。但是，為什麼六個月的選舉辯論之後，結論竟然被窄化成為只有對大陸開放才能救台灣經濟？希望這只是選戰激情之後的餘緒，但若就此長期定調，那麼二〇一二台灣大選的勝選者將不是國民黨，而是共產黨！

台灣企業界過去從來就不是一個撿現成的腳色；在技術上台灣曾經山寨，然而在拚搏市場這件事上，台灣從來都是迎難而上。但是，現在不一樣了，台灣的諸多大企業，似乎都指望撿「現成」的大陸市場。至少在媒體將大陸描繪為台灣經濟唯一救星時，我們沒有看到這些大企業出來更正。

請別誤會，這裡並不是說台灣不需要大陸市場，也絕對不是說台灣不需要對大陸大幅開放，這兩項都是台灣絕對需要做的。這裡想要警示的是那兩個關鍵字：現成。

只要是抱著「撿現成」、「賺現成」的心，台灣的經濟命脈就可以畫上句號了。大陸股市總值已經超過台灣股市四倍，四大國有銀行中任何一家的地區分行的營業額都超過台灣銀行業總體額，五年之內，大陸將會有四、五個省分的經濟總量超過台灣。大陸每年只需要容許五百萬名遊客赴台，每年就可貢獻超過三千億台幣的消費，足以支撐三十萬家小業者，養活一百萬人。大企業、小作坊，只要願意撿現成、賺現成，台灣未來幾十年蹺著腳都可以過日子，小日子肯定過得比香港舒服。

天下沒有白吃的午餐！屆時，台灣所有產業都將成為大陸產業鏈的上游，年輕的「王永慶們」將失去白手起家的成就感，年輕的「郭台銘們」將不用提著皮包全世界求生意，失去每天工作十四個小時的驕傲機會。

賣蚵仔煎的小民，靠的就是過路客，只看明天不看後天，合理。他們沒有國際化的機會，也玩不上國際的產業鏈、資金鏈。但是，DRAM、面板、太陽能、LED業者？金融業者？是誰在鼓吹這些大產業必須「蚵仔煎化」？為什麼他們要鼓吹？

稍具國際投資實務經驗的人都知道，一個投資方向、一項引資目標，可以設計出多種的資金、股權結構。台灣的大產業，在開放接受大陸資金投資時、在進軍大陸市場時，完全可以通過成熟的結構設計，打造一個長期的產業發展策略，而不用急吼吼地買賣股權。除非，某些特定企業主急於套現脫身，或某些買方決意最終壟斷。

台灣現下需要一個對全世界開放的經濟政策，而不是一個單獨為大陸設計的開放政策。只有在對世界開放的大政策環境下，台灣才能有效地利用世界資金以及世界上早已成熟的投資機制來進行對大陸的開放策略。不幸的是，二〇一二大選中的九二共識旋律製造出的經濟恐懼，使得台灣媒體目光如豆的只談大陸，而忘了世界。

歐債危機，是政府的財政危機，貨幣之間的匯率危機，不是產業投資界的現金危機。事實上，歐債危機越大，龐大的國際游資對實體產業的投資意願就越強，因為金融投資的風險加大了。台灣如果於此時果斷地對國際產業資金大幅開放，包括日本、中東、歐洲這類傳統上害怕獨力投資中國產業的資金，都將樂意先與台灣的產業界結合，通過利用台灣的法治環境，進而與大陸的產業界及大陸資金結合。

歐債危機，加上大陸對維持九二共識的焦慮，加上ECFA的平台機制，台灣完全可以經由果斷的世界開放政策，有創意地對大陸開放，將台灣織入一張國際化的經濟發展安全網內。

二〇一二台灣經濟挑戰巨大，未來幾年也非開放不足以救贖台灣經濟，但實在沒必要直統、赤裸裸地賣身。下一任的內閣必須有魄力、有知識，跨大步地向世界走去。否則，勝選的就不是國民黨，而是共產黨了。

二〇一二年一月十六日

大陸招聘台灣選舉操盤手？

今天台灣人擔心自己的商業人才被大陸虹吸，因為三十年來大陸因經濟開放所累積的商業能量，對台灣的商業白領已經構成了吸引力。

今天台灣人還擔心自己的文化人才移居大陸，君不見，一個杭州市政府就能在西湖邊上蓋起別墅，免費提供給台灣的文創大腕。

如果我臆測，十年之後，大陸的村子以每個月十萬人民幣的價格，或一個專案一百萬人民幣的價碼，招聘台灣的選舉操盤手，進駐該村，協助某位村長或村書記的候選人贏得選舉，你會說我發瘋了嗎？

且慢回答。如果二十年前，我臆測十年之後，台灣的一流年輕人會放棄台灣的工作機會，前往大陸出任薪水比他在台灣高百分之五十的民營企業工作，當時的你會不會覺得我發了瘋？如果十年前，我臆測大陸會出現一個叫作陳光標或王光標的商人，拿著現鈔到台灣來大剌剌地撒錢賑貧，你會相信嗎？

今天多數的台灣人，尤其在二〇一二大選經驗廣受大陸人民讚譽之後，相信以下的幾種情況。第一，大陸人民渴望直選，而一旦形成風潮，大陸就將邁入不可逆轉的、類似台灣式的民主。第二，若共產黨抗拒民心所向的直選，大陸社會遲早就會動亂，共產政權就可能垮台。發生在台灣大選期間的廣東烏坎村事件，似乎印證了這兩種判定。

但這只是一廂情願的想像，雖然國際上的許多學者、媒體也都持同樣看法，甚至大陸上一部分的知識份子也都相信。但事實上，大家都太低估共產黨了！

請看以下事實。就在三十幾年前，中國大陸還是一個買米要糧票、住酒店要單位介紹信、國內鉛筆生產總量都要中央審批的國度。在一個窮鄉僻壤叫作小崗村的地方，九個村民大逆不道地互相簽下私人契約，決定自己要種什麼。這個農民挑戰國家政策的驚天大案，一路鬧到了中央，中南海掀起驚濤駭浪。儘管當時中共內部權力鬥爭處於白熱化，但是集體智慧告訴他們，經濟若再不開放，中共政權就要垮台了。一夕之間，小崗村成為全中國的樣板，中國的改革開放於焉開啟；接下來的故事，你我都已經知道了。

這段歷史的重點在哪裡？重點是：私有經濟開放三十餘年，中國共產黨並沒有垮台，中共依然一黨專政，中共官員富得流油，第二代佔盡權錢要位！開放私有經濟，最終得利最大的還是共產黨！你說，中共害怕開放嗎？

中共的自我修補能力及決斷力，遠遠超過台灣人及多數西方中國專家的理解。任何時候，只要形勢真正威脅到了一黨專政，黨內高層一定暫時放下鬥爭，集體理性一致對外，做出保證一黨專政的壯士斷腕之舉。

如果類似廣東烏坎村事件在中國形成燎原之勢，如雨後春筍而鎮壓不及，中共將果斷推出新政：五年之內中國所有農村全面實施村領導直選。單單這一政策，就能再為一黨專政買到二十到三十年時間。而那時，中國所有農民都將敲鑼打鼓真心歌頌黨的英明，實力雄厚的村候選人，那些今天已經開著勞斯萊斯的富村村長們，將發現台灣具有優秀而又便宜的選舉工程人才，「凍蒜專案」人才的百萬費用，不過是小菜一碟。

村一級，甚至鎮一級的「基層民主」，並不會真正影響到一黨專政。腐敗的歷史可以延續，只是技術必須翻新，而台灣的過去經驗可以借用，台灣的樁腳技術也頗可參考。鎮級以上的官員，肥油可期，而村民若對選出來的父母官不滿意，也只能怨嘆自己素質不夠高，反正五年後還可重選。

中國有近十四億人，「民主選舉」在中國至少有四個層次：基層民主（村鎮）、社區民主（城市居民社區）、高層民主（人大代表）、黨內民主（中央）。前二者勢在必行，但它們無損一黨專政，只會鞏固一黨專政。看中國民主趨勢，我們必須看後二者。

若烏坎村演變為小崗村，國際將予以鼓掌。但是，台灣必須預做心理準備，那不是中共垮台的先兆，而是中共一黨專政合理性的延續。屆時，「民主標哥」們將來台撒錢覓才，過氣的台灣地方選舉工程師們，你們準備好了嗎？

二〇一二年二月十八日

二〇一二台海虛構

本文不是預測，而是一場沙盤推演。推演劇本中雖然以蔡英文當選為假設，但是，即使在馬英九當選的狀況下，沙盤中的場景依然可能出現，中國對台的軟硬兼施技巧也大致如是，只是故事的國際事件背景、前後順序、過程情節將略有不同。

二〇一二年五月二十三日，剛剛走馬上任的蔡英文滿懷欣喜的主持著她的第一次閣員會議，ＣＮＮ新聞傳來，以色列在伊朗的拂曉，全面性的飛彈襲擊了伊朗的核子設施。三小時之後，美國宣佈事前並不知情。中國則對以色列發表嚴厲譴責，並呼籲各方自制。少尚在歡騰心境中的民進黨要員，並不覺得這場數千里之外的事件與他們有著什麼關係。少數國關學者及軍中大員，隱隱對事態感到不安，但這種心情完全被民進黨屏蔽，傳不到蔡英文及其親信的耳中。

中東形勢迅速升級，在以色列持續打擊伊朗兩週之後，伊朗開始飛彈還擊，巴勒斯坦在以色列部隊的高壓箝制下開始行動，交戰即將擴及全面。白宮判斷，美國若被動，結果將對美國的百年版圖帶來不可逆轉的傷害，但若主動，結果可能就是美國利益的百年保障。因此，包括第七艦隊在內的太平洋戰鬥力，調往波斯灣。全球各國意識到，這將是一場世紀戰爭。

無巧不成書，朝鮮傳來金正日病危的消息；地位尚未穩固的金正恩，面臨蠢蠢欲動的軍政要員。南韓進入軍備狀態，日本也進入前所未見的警備狀態。中國東海艦隊及東部軍區開始一級戰備，東北及東南沿海士兵必須全裝荷槍睡覺。此時，台灣開始警覺了，沒有見過大陣仗的蔡英文，臉上近年來才學會的笑容完全不見了。

兩個月之內，世局胚變。中東戰局不休，周邊各國民情激蕩，美軍開始有限度的介入戰爭，歐巴馬總統聲望掉落至百分之二十以下，共和黨同聲斥責歐巴馬無能。金正日故亡的消息已經證實，板門店兩軍對峙距離已經不到十公里，朝鮮的移動飛彈平台以前所未有的頻率穿梭於邊界。

此時，中共黨政軍要員集結於北戴河，他們得對一場世紀大交換做出決定。白宮已經對中國提出三大要求：立即終止供應伊朗武器及軍事配件；扼制朝鮮，在中東平靜之前，保證朝鮮半島及東海穩定；在美軍南海空虛之時，中國容忍南海小國可能出現的挑釁。若中國接受這三條件，中國要什麼？

此時的中國，經濟的壓力及普遍的腐敗已經威脅到政權；歐盟經濟的慘烈已經嚴重擠壓到中國的出口。中共需要一個巨大事件，內以轉移民怨，外以維持國威。數日激辯下來，共識逐步形成：對兩岸關係採取一種不可逆轉的行動，正是此時此景下唯一的一石二鳥方案。

黨內鴿派本來秉持反對意見，然而鷹派的論點最終佔了上風：歷史已經證明，經濟的收買以及政治的懷柔，對台灣是無效的，固然此時以軍事收復台灣弊大於利、得不償失，美國也不會接受，但是乘勢割掉台獨念想，並使其不可逆轉，美國也會樂觀其成；此刻不做，更待何時？

正在最後爭取十八大席位的鴿派，在權位考量之後投了同意票，但提出三條件：不可動武；台灣的承諾方必須是代表民進黨的蔡英文，這樣才能一次到位；事後予以台灣人民高額補償。

共識達成，北京對美國提出要求：若我方同意貴方三條件，貴方只需承諾一件事，就是貴國修訂上海公報中的台灣軍售條款，五年之後只售台武器維修備件。一番周折之後，美國總統與參眾兩院領袖達成共識：同意中方要求，並在一年內與台灣簽訂優惠無比的ＦＴＡ作為補償。

就在此中東戰局膠著之際，在中美默契之下，北京開始了如下部署：以保障海道通暢之名，從海南島經台海到東海，部署海空戰力，對台實施軍事壓力；中止與台灣的所有協商，拒絕藍營大佬訪陸；對台商實施壓力統戰；對台灣人民利益喊話。

蔡英文政府剛開始時還放出狠話，但很快就察覺美國這次站在北京那一方。無奈下組成跨黨派的國是小組，包括馬、宋、連、吳等大佬們也喊出類似「覆巢之下焉有完卵」的口號，識相的接受民進黨的徵召。

但這一切都沒有用，北京深鎖大門，將台灣置於高壓鍋內，逐步加溫。美國國內親台派此時大聲吶喊，但也沒有用，因為政治高層與選民基層的共識已成。待火候剛好之時，北京丟出條件：在北京的框架下，簽署兩岸政治協議：明確定義九二共識只有一個中國，沒有各自表述；台灣恢復國統綱領並去除其中的刺激語言；一年之內完成ＥＣＦＡ細節談判，大陸對台資開放部分原先不對外開放的國有工業，台灣對陸金融業全面開放；設定平潭島為陸台經濟特區，陸台共管；撤移沿海的短程飛彈，但保持中長程飛彈。與此同時，北京藉著各種場合向國際喊話，中國並未放棄以武力解決台灣問題。

此刻，台灣出現數場百萬人民大遊行，一半人著綠衫，一半人著藍衫，各台電視名嘴不分藍綠同聲怒斥中共及美國。喧囂半年後，民進黨與國民黨達成無奈的共識；半瓶水總比沒有水好，終究這還不是統一。

說服台灣民眾的任務落在了蔡英文及民進黨頭上，只因為她具有不會賣台的形象。苦惱的她，請出了多位已經被冷藏許久的民進黨大佬，以「台灣新思維」的口號，呼喚人民相信她的判斷。半年之內，兩岸在北京的條件下簽署了政治協議。

兩年後，中東進入以美國為核心的新局面，金正恩已經接受中國主導的經濟改革方案，南韓、日本暫時鬆了一口氣。世界經濟壓力依舊，但中國國內的民怨已經被台海的民族主義勝利而化解許多。中共的新一屆領導班子已經磨合上路，台灣的人均ＧＤＰ上看兩萬五千美元，但台灣人民的意志及創造力更加消沉，反倒是大企業進入了一種新的亢奮期。

二〇一二年一月一日

第五章
大歷史觀看兩岸

第一節　台北京連線

交響樂與爵士樂

前面提及，兩岸都是世界的，唯有攜手同行走向世界，才可同時得到救贖。具體而言，如以音樂譬喻兩岸關係，那兩岸之間該玩什麼樣的音樂，才能夠避發生衝突呢？

世上音樂有兩種，一種有譜，一種沒譜。前者以交響樂為至高境界，後者以爵士樂為最高境界。

前者，所有樂器的所有動作都已定案，樂曲的感情則由指揮者說了算，任何不按照樂譜音符、違背指揮棒的動作，都屬出格；後者，沒有「主旋律」、沒有規定的音符，樂曲感情的主導，隨著當時進程，可以自然地由一方落至另一方，樂曲的指向及張力，完全靠樂手之間的默契。

前者的成功要素有二：一是好樂譜，二是好指揮；後者的成功要素只有一個：樂手之間由默契導致的方向切換。

兩岸關係的進程，只能是爵士樂，不可能是交響樂。任何一方若企圖用交響樂的形式推進兩岸關係，結果只能是錯亂繁冗的雜音。道理非常簡單，在交響樂形式下，兩岸都拒絕接受對方的樂譜，遑論聽從對方的指揮棒。即使有一天大陸運用強力，硬將其樂譜塞諸台灣，台灣的樂手及樂器也不可能聽從指揮棒。即使音符都對了，整部曲子還是會由「歡樂頌」變成一曲音樂廳內的喪歌。

兩岸關係，不然就擱置五十年不去碰它，若一定要碰，就只能玩爵士樂。不是危言聳聽，玩交響樂的結果最終只會是玉石俱焚。倘若不幸，某一方連交響樂的層次都達不到，而是祭出「千把胡琴一個調」的「國樂」，那將加速把兩岸都送進焚化爐，誰也逃不掉此命運。

當前，造成兩岸「交響樂危機」的因素有兩個；其一，大陸對九二共識的收緊，其二，台灣對公投的呼聲。

先看九二共識。「一個中國」是交響樂，「各自表述」是爵士樂。當年，北京在權宜之下，口頭接受了各自表述的爵士精神，現在又迫於國內政壇形勢，加以絕對否認，從根本上傷害了其信用。這個對九二共識的收緊動作，不免令台灣民眾坐實了一個長久以來的憂慮：大陸就是個「套、養、殺」的國度；先套進來，養一陣子，時候到了就宰殺。

再看台灣公投。「台灣人民自主」這個表述是爵士樂，「公投定案」則是交響樂。民進黨黨綱裡固然有獨立條款，但那究竟只是一黨之綱，從宏觀來看，台灣內部還是處在玩爵士樂的狀態。然而，公投之列車一旦啟動，台灣就進入玩交響樂的狀態，一翻兩瞪眼，樂譜就定案。公投的動作，在北京看來，就是台灣已經拒絕玩爵士樂，而欲推出定案的交響樂譜。這也將坐實了北京固有的疑慮：台灣就是個「拖、育、獨」的國度；先拖著，培育氣氛一陣子，到了時候就法理台獨。

衝突都是循環上升的。你一句，我一句，最終吵架；你一拳，我一腳，最終打架。然而兩岸問題，一旦過了臨界點，不會以小吵小打而終局，因為它牽涉到東亞、甚至是南亞全局。二〇一二年，台灣、大陸、美國三方領導層同時面臨換屆壓力；三方競位者都具有動機，於此時祭出自己的「交響樂譜」，以維繫權位。然不同樂譜之間的衝突升級，可能帶來從此無可逆轉之凶局。二〇一二年，可謂是一個具備了「領導不仁，以萬物為芻狗」條件的凶險年分。

從現在到二〇一二年底，對於兩岸競位者，只要是頭腦清楚的，這段期間都應該是競技樂場的中場休息時間，大家該吃點心的去吃點心，該上廁所的去上廁所。只有頭腦不清楚的，才會在這期間高舉自己下半場的交響樂譜嚇唬對方。

遺憾的是，我們確實在這中場休息期看到了頭腦不清楚者。

台灣若再繼續加溫公投呼聲，大陸就會進一步收緊九二共識；大陸若進一步收緊九二共識，台灣就會公投加溫。樂場內將沒有爵士樂的空間，只剩下一翻兩瞪眼的兩套交響樂譜。兩岸的競位者們，懇請你們勿以一人一黨之私利，而以萬物為芻狗。收起你們的交響樂譜，讓我們之間開始培養爵士樂團的默契。兩岸的共同出路，在爵士樂，而不在任一方的交響樂。

二〇一一年十一月四日

民粹主義與官粹主義

兩岸之間的經濟競爭，經過了三十年的時間，態勢已定，小台灣敵不過大中國。但是，兩岸之間的政治競爭還只是剛剛開始。

若僅從膚淺的表層來看，台灣與中國大陸的政治競爭是民主與專制之爭，但若深入剖析，實情並不如此單純。說台灣民主，已經一人一票，但是台灣的民情還處在半革命狀態，政府公器及司法系統還停留在政黨化而還未國家化的階段。說大陸專制，還是一黨專政，但共產黨內並非鐵板一塊，黨內高層之間的權力角力，已經從過去的流血鬥爭進化到人頭不至於落地的競爭。

我們應當如何理解台灣與大陸之間的政治競爭？接下來的十年，台灣及大陸的政治風水將如何變化？兩岸關係將因此受到什麼樣的衝擊？

說來可能有些刺耳，兩岸的政黨其實系出同門，雖然後來分道揚鑣，但至今還有一些共同的幽魂，包括當年志在推翻國民黨的民進黨，在嚐過執政美味之後，也接續了這個傳統。反倒是以馬英九為代表的國民黨內少數革新派，卻因圈子過小、個性高傲而不敵幽魂、腹背受困。

兩岸政黨共同的幽魂究竟是什麼？為何它的力量如此之大？簡略來說，那就是中國數千年以來的「贏家通吃」、「成王敗寇」傳統。它深深地內化到中國文化裡，以致於絕大多數的百姓，甚至包括今天台灣的選民，都默認接受這種價值觀。兩岸之間不同的是，大陸的贏家通吃還停留在透過威權實現的，並且一家獨佔，而台灣的贏家通吃則已經進化到透過選票來輪流做莊。而雙邊的人民，或多或少都有「既然你是贏家，你就理當照顧我的食衣住行到底」的自甘心態。

這種「你讓我贏，讓我通吃，我就照顧你到底」的潛在價值體系，明顯違逆了當代文明主流，因此兩岸政黨都對「贏家通吃」的前提避而不談，而只強調「照顧你到底」。這在兩岸的政治體制的差異下，衍生出了絕然不同的結果，非常之妙。

在台灣，由於已經實施票選，為了贏家通吃，必須討好選民，被選民打了右頰，還得把左頰湊上去讓他打。這也津貼，那也津貼，極盡「照顧你到底」的表面功夫。然而，肥肉若都照顧選民去了，勝選後的利益通吃也就失去意義，因此，照顧選民的經費多由舉債而來，真正的肥肉還是留在碗底自己吃。這種手法有點像台灣生意人的伎倆，營運資金向銀行借，利潤則洗到自己手中。

勝選執政後，肥肉藏在碗底，碗面上的白飯交給選民「監督」。為求廉潔形象，把全世界的廉政條款不管是否適用都實施於台灣，因而在「白飯預算」這一塊內，搞得「官不聊生」，長久以往，只有循規蹈矩的庸才才能適任。

因此，台灣的政治風水難免走上民粹主義，政黨之間的廝殺越來越赤裸裸、白熱化，而舉債討好選民的手法則日益趨同。

大陸方面則大不相同。專政的共產黨沒有討好選民的需要，它只有「維穩人民」的需要。因此，黨內各派的競爭再激烈，對維穩的共識則保持一致；只有保住政權，才談得上贏家通吃。因此，大陸的經濟壓力、社會壓力越大，中共的各個派系就會更團結，他們之間的競爭就會越來越在內部做「民主妥協」，越來越趨向「票選化」。

同樣的，如果經濟的肥肉都拿來照顧人民，那麼「贏家通吃」的意義也就不存在了。因此，中共還必須保留一部分的民營企業，因為民營企業不但可以提供大多數人民的就業，還可以提供再分配的財源。

沒有人民票選壓力，社會自然無從走上民粹主義。但是，未來十年中國會走上「官粹主義」，即想在中共體系內為官者，就得競爭誰能夠把百姓「維穩」得最有效；換句話說，誰能維持中共「贏家通吃」的地位，誰就是老大。中共內部派系的權力消長，應該可以用這個邏輯來理解推斷。

未來十年，即使大陸人民出現了民主運動，那也僅僅會是一種「一黨專政下的票選父母官」，而不會是票選政黨。專政的中共，將隨之開發出手法更為高明的贏家通吃技能。

台灣選民若繼續停留在「票選贏家通吃」的原始民主階段，欲以民粹主義抵擋彼岸的官粹主義，前景並不樂觀。能否掙脫政黨贏家通吃的局面，而創造出真正的多元民主，才是台灣的保護傘所在。

二〇一一年十二月二十七日

從官有化到國有化

贏家通吃乃兩岸政黨目前存在的最大問題，此外，兩岸還有一個共同死穴，也就是官有經濟。首先必須做出正名，這裡用的名詞是「官有經濟」，而非「國有經濟」。這兩個概念之間失之毫釐，但本質上差之千里。

大陸及台灣，都喜歡用「國有企業」來稱呼那些政府控股的企業，例如大陸的中國電力、中國郵政、中國電信、中國石油、中國民航等等，台灣的則是中油、中華郵政、中鋼、中華電信、華航等等。

似乎，冠上了「國有」之名，這些資產就屬於國家的了，而屬於國家的就是屬於全民的。事實上，這只是玩弄概念的驚天手法，至今兩岸的「國有」資產其實只是屬於執政黨的，誰執政誰就可以任意操弄這個大盤子。大陸已經把共產黨一黨專政寫入憲法，因此國有資產就是共產黨的資產；而台灣已經有了政黨輪替，因此國有資產在某個黨當政期間，就屬於該黨的地盤，政黨輪替，本質之一就是官有資產輪替。

因此，秉持孔老夫子的古訓，必也正名乎：兩岸只有「官營企業」，而無「國營企業」。但在地球上其他國家的政壇，是有名副其實的國營企業的，例如德國、法國。它們的國營企業是真正國家化了的資產，執政黨可以通過嚴格的公司治理法律機制來影響國家資產，但卻無法用直接權力來操弄。即便如新加坡，一個至今還是一黨執政、國營資產比例極高的國家，其政企分離的程度卻首屈一指，具有商業透明度全球第一的美譽。

當然，兩岸之間的官營經濟還是有某種本質上的不同。在大陸，所有的官營企業，不分大小，任命權及預算權百分之百不透明，大概就掌握在中國權力金字塔尖的百餘人、甚至十餘人手中。而在台灣，大型官有企業的任命及預算，已經需要立法院的監督通過。但是絕大多數台灣選民不知道的是，那些少數需要立法院公開審核的領導職位及預算，僅僅是露在水面上的冰山一角，另有大量的官有資產零散地躲在各個角落，不在國有財產局的清單內，任命權也是執政黨說了算。這塊隱藏的極肥的肥肉，乃是不分藍綠的各黨「大佬」的逐鹿對象。

每在選情膠著之時，由於政黨互咬，選民偶爾可以一窺官有經濟陰暗路徑的堂奧。諸如興票案、宇昌案、魚翅案等，只不過是一方企圖揭醜另一方的少數曝光案例。官有經濟蜂巢內的利益輸送或自肥途徑，何止千萬？

陳水扁案，若不是吃相實在太難看，或若二〇〇八年綠營勝選，恐怕也將大事化小、小事化無。倉庫裡的一隻碩鼠被逮，最應該問的是：這個倉庫的環境和結構出了什麼問題，為什麼會容許老鼠吃得這麼肥？倉庫結構不改，只談老鼠是否應該道德清廉，可笑莫甚於此。

台灣龐大的隱藏性官有經濟，若不進行真正的國有化，台灣的政治不可能真正民主，經濟發展大概也就到此為止。容我冒大不諱說句難聽話：擁有隱性的官有經濟躲在黑暗角落的，將來必是「賣台」的先行者；賣台，必由那些享受著官有經濟奧祕的權貴們開始，這是不分藍綠的。

這道理很簡單，大陸強勢的官有經濟，其蔓藤必然先接續台灣的官有蔓藤，各自隱祕、物以類聚、養分相同，此點毋需置疑。國民黨、民進黨，如果愛台灣，選勝後請先制訂「官有經濟陽光法案」，將執政黨所握有的龐大官有經濟資源，鉅細靡遺的呈現於人民眼前。否則，執政黨賣台真有望。

兩岸今天的真正競爭是一場從官有化到國有化的競爭，誰能先把軍隊國有化、選舉國有化、政府國有化、共有資產國有化，法院國有化，誰就會是兩岸人民心目中的英雄。今天若給兩岸打成績，大陸在這五個方面全部不及格，而台灣在頭兩項，即軍隊國有化、選舉國有化上得了一百分，但在其他三項，即政府、資產、法院的國有化上還僅僅是剛剛及格。

有人奉美式的全盤私有化為圭臬，而求全責備於台灣和大陸。其實，在不同的社會文化背景下，此乃緣木求魚。中華文化圈內，或曰筷子文化圈內，能夠掙脫一黨一家的官有化，而切切實實進入真正的國有化治理，就已經是人類的萬幸了！

二〇一二年一月三日

倡議「筷子經濟圈」

二十餘年前初訪中國大陸時，深感其未來經濟輻射力，曾杜撰新詞「筷子經濟圈」，意味其影響力將隨著筷子的分佈軌跡前進。

原因無它，西方文明大浪淘沙，淘淨了東亞的服飾、建築、曲樂、美術，甚至語言、政體，但即使它威力再大，再過千年也淘不掉人們吃飯時手中握的那兩根細枝。筷子現象背後隱藏的生命力及傳播邏輯，必然有其千古不變的道理。

今日中國經濟體量巨大，其榮衰固然影響全球，然而真正與它「一榮俱榮、一衰俱衰」的，還是那些日常使用筷子的區域。凡是使用筷子的，都落於筷子經濟圈之中；它並不是一個單純的地理區域概念，例如，羅馬的中國城，雖然遠在數千里之外的義大利，但這方圓僅以公里計的社區，也屬於筷子經濟圈。再如，洛杉磯的韓國城，其榮枯亦與筷子經濟圈相生相伴。

今天，大陸及台灣的學者、媒體，好用「大中華經濟圈」來指謂中國經濟發展重心，其實，這有點自絕於人的味道。日本方面，亦有「漢字經濟圈」一說，中國人大為叫好，然而這又難脫文化霸權主義之嫌疑，韓國人首先就不會同意，新加坡人也不會樂意，到頭來還是淪為一個中國人自娛自樂的概念。

筷子是中性的，它不是熊貓、不是長城，東方亞洲幾十個民族都在用它，概念上它沒有壟斷性，乃是一種自然的親和概念，人們甚至不必去追究它的起源。然而，筷子事實上又是一個千年不易的紐帶，經過千年的文明衝突洗禮，它依然靜悄悄的存在著。

若談文化的延續性、文明的關聯性、民族關係的模糊性，世界上可能沒有比筷子更為突出的例子了！

筷子又還不是孔子，中國最好保持其中立性及包容性，不要企圖去佔領它。筷子既實用又有著強大的外延性，西方洋人也在開始學著用它、接受它；筷子的傳播是一個潛移默化的過程。某種意義上，筷子的「軟實力」遠遠超過孔子。

很明顯地，中國經濟的體量已經足以撼動區域，然而眼前的中國經濟自身也已面臨巨大困難。值此歷史關頭，最要不得的就是放任民族主義，臆想漢唐盛世，使得中國經濟演變成為區域內的霸主。倘若原本柔性的筷子經濟圈一朝變成剛性的「宗主經濟圈」，或與其類似的「大中華經濟圈」、「漢字經濟圈」，中國勢必在亞洲區域內，乃至世界範圍內落入過去歷史的輪迴。

筷子，其實可以作為另一種全球化的象徵概念。無可諱言地，全球化就是一種跨越國家主權的概念；若每個國家都死守國界主權、經濟主權，世界上根本就沒有全球化可言。然而，當前的全球化模式，多少帶著霸權主義的色彩。一旦以大欺小、以強欺弱成為交往的潛規則，全球化就成為一個以槍炮為後盾的不名譽理念了。

而筷子呢，簡單到不能再簡單，不過是一雙吃飯的傢伙，不是刀槍，不是高科技；有錢人用銀的，窮人掰下樹枝也能當筷子用。對於一個經濟發展極端不平衡的當今世界，用筷子精神進行跨國家、跨主權的合作，形成一種誰也不能壟斷誰、大小強弱皆欣然就之的狀態，則誰能與其為敵？

中國，今天面對世界時，其實是在打兩套拳；文化態度上打的是中國拳，經濟關係上打的是西洋拳。這兩套拳路數終究不同，揮舞招數之際經常自相矛盾，自己打到自己。例如，中國對自己的崛起，冠以「和平」一詞，意味著中國的崛起並非像西方那樣以強欺弱。然而，在世界經濟事務上，中國從來不排斥對西方全球化模式的追隨，甚至青出於藍而勝於藍，遇上有西方模式的便車可搭之時，中國也從不放棄。

倘若套路不改，十年後中國依其經濟總體量，固然可以成為區域宗主，甚至二十年後成為世界霸主之一，然而，那真是二十一世紀的中國所要的地位嗎？衡諸中國自身經濟結構的不平衡，西方模式的全球霸主地位，能夠救贖中國文明嗎？

一個「筷子經濟圈」理念支撐的區域化、全球化模式，將會具有什麼樣的內涵？人民幣在其中的角色為何？貿易協定與當前國際規範有何不同？商務合作關係有何特色？法律機制有何新鮮之處？問題也許千百，然創新之樂趣與成就感也將無以倫比。

或許，某位史學家應該放下手頭的鉅著，著力研究一下當年筷子的傳播軌跡，由此觸發出一種人類經濟文明的新概念，也未可知。

二〇一一年五月十二日

經濟上的稀有元素

在筷子經濟圈內，台灣和大陸無疑是非常重要的兩個經濟體，彼此的互補性也非常之高。兩岸之間的經濟聯繫，現在越來越緊密，某種意義上，好像是一曲交響曲。但拍子錯了，可以把莫札特變成平庸。DNA中缺少了必要的百分之三，可以將人變成青蛙。中國的經濟賽車，如果一個車輪偏位，跑得越快可能離目的地越遠。台灣，可以補上那一拍，可以補上那必要的百分之三DNA，可以校正那偏位的車輪。如果在第一份EFCA文件中沒有設想這一點，那將是歷史的遺憾。

中國高層對「中國特色經濟」的看法，已經大致達到共識。但正如中國所有的共識一樣，其中有許多明知做不到但不能不說的元素。好像餐館老闆在炒飯時明明知道沒有肉絲，只有一丁點肉末，餐牌上也得稱為肉絲炒飯一樣。

中國所稀有的，正是台灣所具有的。雖然台灣也不多，但究竟比大陸多，這些稀有元素若適時的融入大陸經濟發展，在「中國特色」的體質中加入「台灣特色」，化學作用下所產生的合金，強度將使雙方受益。

這些稀有元素包括：

中國在很長久的未來，都產生不了好的工業設計；這不是中國「人」的問題，而是體制的問題。這個缺陷，將使中國的製造業長期處於國際價值鏈的低端。

中國的對外投資，哪怕表面上是民間行為，其實都是政府的政策行為。中國政府行為就有中國政府弊端，這個缺陷，將使中國對外投資的經濟效益上大打折扣。

由於意識形態、官僚利益、歷史性格的糾纏，不論國營民營的企業，其無形資產的所有權，包括人才的未實現股權、智慧財產、品牌、商業合同、商譽都得不到保護和合理的資產價值。這導致了中國企業經常只能尋求境外保護，例如境外上市、境外融資、境外註冊、境外脫產、形成合資等等曲線救國作法。

由於經濟法治薄弱，中國民間創業家和各方企業人才的財富觀都是「只在乎曾經擁有，不在乎天長地久」；因為，只要曾經擁有，就有機會放入荷包。天長地久？明天的事誰知道？這缺陷將使中國企業長期沒有「馬步」，哪怕拳法再犀利，樁腳都是不穩的。

這幾項是中國經濟成長的要害，並且是「中國特色體系」內部長期解決不了的問題。中央決策層知不知道這一點？當然知道，但在體制內部無能為力。

客觀下，體制外部有幾個選擇。求教於西方國家、西方公司是一個選擇；事實上過去十幾年那就是中國的路線，但隨著中國國內民族信心的高漲以及當前的金融風暴洗禮，這條路線已經離中國國情越來越遠。另一個選擇是通過東方之珠香港。但，先不論香港在這些稀有元素上的實力如何，它缺少了一個神祕的條件，那就是大陸人從來沒有把香港或香港人看成民族復興力量的來源。剩下的體制外選擇，只有台灣了！

台灣人真的不知道，在大陸人潛意識的深處，台灣是中華民族體質蛻變、大陸政體蛻變的一種寄望。這種潛意識寄望的存在，不是因為認同台灣的所作所為，而是因為台灣代表了一個體制外的可能。一旦台灣抓住了這根神經，它所引發的大陸民間自然反應必將鋪天蓋地。同樣地，一旦大陸百姓徹底瞭解到台灣不可能成為這種寄望的來源，他們會一夜之間把台灣視為一個被「收復」的對象，就像香港一樣。

「先經濟後政治」，如果台灣只把這原則當成兩個經濟體之間的事來辦，交通歸交通，貿易歸貿易，金融歸金融，投資歸投資，而缺乏一種共譜交響樂的情操和視野，抱歉地說，台灣已經輸了，台灣已經自宮了，已經把自己向被收復的對象推進一步了。

在兩岸接下來的「經濟」談判中，台灣如何抓住中國經濟交響樂中缺失的那一拍？如何打造一個環境平台使得台灣能夠在以上四大方面發揮力道，站穩「關鍵少數」的地位？辦法很多，政府只需要定調，打開思想的屏障，好辦法會一個接著一個的由各方飛來。

二〇〇九年五月九日

林來瘋引發的政治正確焦慮

一週之內，「Jeremy Lin」在Google上產生了超過四億個詞條連結；如果用漢字「林書豪」搜索，出現八百五十萬的連結。

用英文的「Jeremy Lin Taiwanese or Chinese」搜索，出現了二十六萬多條，但是，如果用漢字「林書豪 台灣人或中國人」搜索，你猜有多少條目？一千一百多萬條。

四億這個數量，表示林書豪現象是屬於世界的。八百五十萬這個數字，顯示生活在漢字國度裡的籃球迷，都為林書豪瘋狂。二十六萬這個數字，代表世界上很多人腦海中覺得 Taiwan 和China是兩個不同國家。而一千一百萬這個數字，突出了大陸及台灣在認同問題上的「政治正確性」焦慮。

紐約時報在報導中說，林書豪是「台灣或者中國（華人）的後裔」，英文維基百科說他是「中國（華人）或者台灣的後裔」。

林書豪究竟是世界的，美國的，華人的，中國的，還是台灣的？

大陸籃球迷在姚明退休之後又看到了黃面孔的ＮＢＡ明星，為之無比瘋狂。但只高興了一天之後，炮火就開始四射。有人說，「你高興什麼？他是台籍。」有人說，「台灣人就是中國人，他就是中國人的驕傲。」還有人說，「他就是一個在美國出生的美國人，於你何干？中國土生土長的姚明才是中國的光榮。」謾罵也不少，此處避免不雅，就不引用了。

台灣人當然認為林書豪是台灣之光，因為他的老家親戚在彰化，父母都是台灣到美國的移民。台灣人對是否「土生土長」沒什麼感覺，因為台灣的菁英自己本人或直系親屬手握美國護照的比例太大了；檯面上的人物，不分藍綠，隨手拿一顆石頭扔向他們，都會打到一個美國人或美國人的爸爸、祖父或兄弟姐妹。

大陸人多，對外開放晚了台灣三、四十年，所以入籍外國的人口比例比台灣小得多。但是，若以人數總量來看就會嚇死人。雖然官方一直拒絕透露數字，但從改革開放三十年來的留學生總數及回國人數比，加上政壇、商界移民趨勢來看，手持第二本護照的「中國人」恐怕不在千萬以下。

不負責任地說一句，你若拿一顆石頭扔向中國的政治局，或扔向中國前五百大企業領導人的會場，或扔向中國各省的私營企業老總聚會的會場，或扔向中國的演藝文化圈的大會現場，極有可能打到一個外國人或外國人的爸爸、祖父或兄弟姐妹。這些外國人，由於親戚網、關係網都在大陸，因此他們遇到好康或災禍時，只要輕輕地說一句「我也是中國人」，萬事都好辦。

《天方夜譚》中有個阿里巴巴四十大盜的故事說，打開山洞的門，必須先念一句暗語，那就是「芝麻，開門」。在今天的奇幻中國童話世界裡，打開山洞的暗語不是「芝麻」，而是「其實我也是中國人，開門」。拒絕說暗語的人，將被打成門外的漢奸。

林書豪成名後一定也會訪問大陸，也一定會被小記者追問，「你覺得自己是否也是中國人。」若哈佛大學的考試中沒這一題，他也沒看過《天方夜譚》，他可能就會犯錯。但若他知道那句暗語，大陸籃球迷心中的石頭就會落地，但來自台灣家鄉的咒　也將因此而生。

林書豪才不會在意這些，因為世界比台灣加上大陸還要大很多，Google的詞條連結數目已經證明了這一點。

在意的只有大陸人和台灣人。大陸網民中有人輕輕的提醒他人，姚明其實老早就入美國籍了，換來的是集體無語。而台灣媒體在瘋狂報導小林子橫空稱霸ＮＢＡ時，一個字未提姚明，因為姚明是「中國人」，提他政治不正確。

最妙的是一位大陸網民的「驚天大發現」，他說，一個禮拜都過去了，竟然韓國人還沒有考證出林書豪也有韓國血統，其實他是韓國人。

二〇一二年二月

第二節　更文明的出路何在？

歷史對中國開的玩笑

對兩岸關係，北京及台北各有各自的政治正確性，但在衝突的底層，卻有一個很奇妙的共同因子。這個因子在大陸叫作民族主義，在台灣叫作本土意識。很少人察覺到，台灣的本土意識和大陸的民族主義其實系出同門，都是一種長期被欺壓的集體記憶內化而成的集體潛意識。

在掙脫這種潛意識的路途上，台灣比大陸先行了一大步。以下的說法，在今天的兩岸都屬於極端的政治不正確，然而我相信，三五十年後歷史將證明它是一種比較正確的敘述：在文化上、政治上，台灣是首先擺脫中國歷史悲情、先站起來的那一部分中國人。不幸的是，大陸上還未掙脫中國歷史悲情的大部分中國人，完全沒有意識到，台灣的本土意識其實就是中國民族主義的2.0先進改良版，因而予以強力打壓，導致了台灣的本土意識轉化成為主體意識，進而形成獨立意識。

中國共產黨至今搞不明白，或者說，它為了維繫其一黨專政的合法性而不得不裝作搞不明白，它至今堅持（台灣治權屬於中共）的「一個中國」強硬路線，實質上將斷絕未來中國進入民族主義2.0改良版的機會。也就是說，非常弔詭的，中共現在用民族主義扼殺了未來的民族主義進程。

獨立這個概念，對中國人來講是很近代的概念。以前，中國乃天下之中國，世界乃大同之世界，焉有獨立概念之存身處？只有在列強意欲瓜分中國之後，中國人才知道地球已經進入了一個以「主權獨立」為單位的現實局面，這才出現了以「建國」取代「改朝換代」的思維方式。天下大同觀從此在中國喪失殆盡，乃至今天連台灣這樣一個試驗改良版都容不下。

當然，以上說法並不完整，若僅僅如上述，它難逃歷史唯美浪漫主義之譏。若要充分理解中國的民族主義現狀及中國的未來，不能不談中共這個政權的歷史本質。

很長一段時間，人們分析「中共」時，免不了強調它的「外來因素」，例如它早期和共產國際的關係、「共產黨」這個名稱也都是個洋名、與蘇聯共產黨的親密關係、隨後實施馬列主義式的計畫經濟等等。然而，在中共建黨九十年、統治六十年之後，人們越來越察覺，就像叛逆的兒子回歸老父親的價值觀一樣，中共政權其實是個不折不扣的中國傳統政權。

我們甚至可以說，假設十九世紀當年的大清王朝立憲改制成功，它的長相極其可能就是今日中共的面貌。對於那些支持今日中共治國方式的人，至少也得意識到，歷史和中國開了一個大玩笑，令中國多繞了一百年的彎子，回到了清代朝廷立憲那條老軌道的起點。

對於那些反對今日中共治國方式而嚮往西方民主自由的人，至少也得意識到，假設當年的革命黨失敗，而維新立憲派成功，五四運動將會被另一種激烈的民族主義運動取代，其結果乃一百年後今天的中國，雖然沒有西方式的自由民主，但是可能比今天的真實中國要好得多。

在這種大歷史觀之下，今天中共的本質，其實更像一個大清朝廷的立憲維新改良版，中央政治局的常委組織，其實就像某種「八旗」式的集體領導版，而人大、政協也不過是當年五大臣考察歐美制度後建議書中的內容。而今日大陸上為民主自由獻身的異議人士，其深度大多還不及當年五四運動中的自由派。

對於中國近年來對外倡議的「中國模式」、「大國崛起」，以及對內倡議的「和諧社會」、「一黨專政」、「絕不走西方三權分立」等等話語，我們若從上述大史觀來理解定位，當可看出其實乃十九世紀末失勢理念之接續。對於中共日益成熟的嚴密組織以及統治技巧，若以中國歷史上的內廷政治、文官考選機制、中央／地方博弈機制、歷代的保甲法來做參照，奧妙亦盡在其中也。

中國文明遲早得脫離皇朝機制，或任何一種類皇朝體制。台灣在這個方向上確實率先跨出了一大步，雖然它還有未洗盡之處。現下的中國正面臨六十年來未有的轉型挑戰，一失足即成千古恨，借鏡台灣經驗，此乃其時也。

二〇一二年二月十八日

大陸向台灣尋求靈感

今天許多中國人，尤其是未生活在大陸的海外華人，對中共內部開明派所倡議的「體制改革」熱情擁抱，雖然那僅僅是「體制內改革」而不是「改革體制」。多數人似乎相信，只要持續開明，一黨專政是可以容許的，甚至只有開明專制才能救中國。然而，開明專制在中國有一處死穴，那就是歷史上的官員腐敗傳統。一旦官員腐敗成風，開明就將被扔進了垃圾桶，就只剩下專制了。

今天世界上，確實有堅持開明專制而成功的案例，但那都是法律鮮明之國度，雖然在專制之下無法治（Rule of Law），但是至少得有法制（Rule by Law）。而今天的中國，官場腐敗成了法制的攔路虎，黨紀（共產黨內部有紀檢法機制）也嚇阻不住黨員的腐敗斂財，已經到了「不治腐敗就亡國，治了腐敗就亡黨」的境地。這並不是危言聳聽，因為中國的國家主席及總理都已經在公開講話中多次警告，官員及黨員的腐敗已經威脅到政權。

那麼，中國往何處去？西方文明下的自由民主對中國水土不服，東方式的開明專制又難以清除腐敗，假如有「中國模式」，那麼它長什麼樣？摸著石頭過河，下一塊石頭在哪裡？這個大哉問，其實有一個突破口，雖然它極端的政治不正確，那就是：向台灣經驗找靈感。

大多數的大陸人，今天還用「統、獨」的二分法來看兩岸關係，把台灣的存在當作一個沒有解決的「問題」，一個有待療愈的「民族傷口」。這其實是短視，既沒有大歷史觀，也沒有未來觀。大中國民族主義，只會激起台灣的本土民族主義；而荒謬的是，大中國民族主義不過是極為近代的產物而已，在此之前，中國的傳統是天下主義。因此我們甚至可以說，今天大陸用大中國民族主義來框制台灣，其實是一種中了西方帝國主義毒素的症狀。

至於大陸好以康熙大帝最終擊敗鄭氏家族收復台灣為例來比喻今日兩岸關係，這也是一種中了皇朝毒素的病症。該歷史事件乃是一姓朝廷消滅另一姓朝廷之帝王私業，無關中國在世界上之命運，將其類比於二十一世紀的兩岸關係，毋寧是一種在文明上的不自覺的自我矮化。

台灣方面也有許多人陷入了同樣的短視。在中共官方的擠壓之下，掉進了統獨二元思維，或天真的幻想「長期保持現狀」。同樣，在缺乏大歷史觀及未來世界觀的情況下，多數台灣人還沒意識到，台灣雖然小，但是它卻是中華文明的新器官，是大陸未來轉型的幹細胞。歷史賜予了台灣一個影響世界命運的機會，那就是用台灣經驗影響中國進而影響世界。當下，台灣依然還有機會餘地實施這條策略、走通這條道路，但隨著世局之變化，五年、十年後機會是否還存在，就很難說了。

機會稍縱即逝一說，同樣也適用於大陸。對於兩岸關係，中共現下焦慮無比，深怕「失去台灣」的責任落在自己這一代領導人身上。他們還沒有意識到，或說不敢意識到，台灣可以成為中華文明的新器官，台灣經驗中的是與非，乃是足以幫助大陸摸著渡河的下一塊石頭。今天一黨專政的中共，所面臨的所有根本挑戰，幾乎都可以在台灣經驗中找到正面的成功案例或負面的失敗案例。例子舉不完，其中要者諸如：如何通過土地政策釋放龐大的社會生產力？如何通過數量已經超過中國國內共產黨小組的「社區業主委員會」，實施不具政權威脅性的社區公民自治？如何通過開放不具政權威脅性的「非官方公益組織」（NGO），以緩解巨大的社會壓力？如何逐步開放人大代表直選以交換人民對一黨專政的善意？如何導正權貴二代的行為，使他們適可而止？

當然，台灣經驗中也存在許多尚未洗盡的中國傳統病，這些病症正在阻礙台灣的進一步文明化，但這些痼疾的存在，也正好提醒大陸，在未來改革的進程中，最大的絆腳石是什麼。其中要者諸如：龐大的官有經濟加上贏家通吃的大總統制，使得台灣的多黨制成為「既得利益集團制」，削弱了台灣一人一票的民主意義。再如，尚未完全透明的司法體系，使得司法難以建立正義的權威。

台灣是中國文明的探路者，是未來中華文化的2.0版，是歷史遺贈給中國轉型的幹細胞。假如我們僅僅陷入狹隘的主權之爭而無視這深遠的意義，勢必喪失良機。從一點出發考量，台灣是誰的，確實就是非常必要分析的大哉問了。

二〇一二年二月十九日

台灣是誰的？

這個大問題，目前沒有答案。眼下，誰都可以理直氣壯得宣稱台灣是他的。認為台灣只能屬於台灣人的深綠人士，且勿先發怒；深信台灣終將與大陸統一的深藍人士，也請先收起你的歷史宿命論。繼續看下去，閣下將發現，台灣不見得是台灣人的，也不見得是中國的。

證據充斥在我們身邊，只是有的人選擇看不見。就拿眼下的現象來舉例，藍綠雙邊都目光如豆的鼓動果農、花農攻擊對方，美其名為社會正義，但真實的農產業政策卻無人過問。荷蘭人將花卉作為世界產業，因為荷蘭是荷蘭人的；紐西蘭將奇異果作為世界產業，因為紐西蘭是紐西蘭人的；挪威將鮭魚作為世界產業，因為挪威是挪威人的。

而台灣的優質水果花卉，只能做零打碎敲的小買賣，不管誰當政，二十年來沒人把它做跨區域的系統整合，更別說世界化了。你說，台灣是屬於台灣人的嗎？如此作踐台灣的天賦產業，恐怕台灣不是台灣人親生的吧？

國民黨要搞國共論壇，民進黨要搞民共論壇，台灣人自己之間不搞國民論壇。你告訴我台灣是台灣人的？我也得信吶？台灣人自己無能徹底溝通，只有遇到美國人才能徹底放鬆交代，你說台灣人有主體性嗎？。通過世界走向中國？通過中國走向世界？這樣一繞道，再好的水果也爛了。

以上幾個例子，已經足以證明，台灣還不是台灣人的，因為台灣人自己不認台灣。

北京自然認為台灣是中國的，但這只是官方意見。按照目前越演越烈的權力政治、權力經濟，再過幾年，大陸老百姓心中的問號會越來越大。他們會問：台灣真的屬於中國嗎？如果是，那為什麼一個母親生出的兩個兒子長相這麼不一樣？會不會是同母異父的兩兄弟呢？換上這個異姓兄弟來當家會不會更好呢？這種意識，已經在發生，目前還只是溫火燉湯，但十年之間的某一天柴火會升溫。待得火勢急猛時，北京只有兩個選擇：改變自己，開始妝扮得比較像台灣兄弟，或者，把台灣兄弟打趴在地，以證明還是哥哥強。

你猜，到時北京會選擇哪一條路？如果你相信前者比較可能，那麼我猜你每一期的樂透彩券都會買，因為你是無可救藥的樂觀主義者。

眼前的台灣，其實已在十字路口：台灣也只有兩個選擇：現在就清楚喊出，台灣是屬於中國的，微弱地暗示將不再管用；或者，現在就大聲地喊出，大陸及台灣都是屬於世界的，請大陸老百姓將目光轉向世界，台灣將攜手大陸一起走向世界。

今天的中國百姓，需要一個比民族主義更崇高的遠景。他們目前的民族主義情緒，只是一種被困在玻璃罐內的反應：一種身體在成長，眼睛看得到世界，罐內空間卻越來越窄的狀態。當今地球上，唯有台灣這個同母異父的兄弟，具有掙脫同一種玻璃罐子的經驗。倘若台灣能夠證明，掙脫玻璃罐子之後，眼光及作為都可以世界化，那麼現在還在罐子內的兄弟，將改變他的價值觀：原來民族主義不是唯一的解決方案。台灣，在這兩條路中，你要選擇哪一條呢？

如果台灣選擇第二條路，那麼台灣人首先必須意識到，唯有真正走到世界，才能找到台灣，而唯有找到台灣，才能說服大陸的同母異姓兄弟。現下的台灣，是一個逐步村落化的國度，它在政治上的低級惡鬥、政策上的零打碎敲、公共資源上的密室分贓，在在都顯示了村落心態及行為。

是的，台灣已經有了不可逆轉的一人一票選舉制度，但若這制度的作用僅僅止於「票選父母官」，而無法促成台灣真正走向世界，那麼它就遠遠不足以成為台灣的保護傘。話說得更明白一些，若票選出來的僅僅是贏家通吃的父母官，有一天就可能成為台灣被大陸打趴在地或納入囊中的催化劑。

台灣政治的村落化，不但使台灣無法走向世界，也將偷走台灣的民主，最終亦將證明台灣其實不是台灣人的，而是中國的。

台灣需要以行動證明，台灣首先是屬於世界的。然後，台灣可以說服大陸百姓，他們也可以有世界出路。唯有向世界攜手同行，才能同時救贖台灣及大陸。

二〇一一年十二月一日

給中共的直言建議

今天中共施加於台灣的主權概念，其實並不適合中國國情。事實上非常弔詭的，同一種主權概念正在回過頭來侵蝕中國共產黨自己的執政合理性；用老百姓的話來說，就是主權概念這塊石頭，砸到台灣後反彈回來也砸了自己的腳。此非智者所為。

中共現下所秉持的「主權」概念，其實是舶來品。它起自歐洲十七世紀的西伐利亞國家主權革命，乃歐洲複雜文化、複雜地形下的概念。西伐利亞主權，並非天賦，而是透過承認而來的。強勢主權體承認你，你就享有主權，不承認，你就沒有，這乃是一種霸道邏輯。今天中共用以箝制台灣的，正是這種主權概念。

主權的代號是「國家」（State），國家由「國民」組成，國民的身分稱作國籍。在傳統嚴苛的西伐利亞概念下，法律上就不容許它的國民擁有雙重或多重國籍。中國人歸屬單一的祖國，邏輯上等同於中國主權不可分割。這也是今天執政的中共堅決要求台灣接受一個中國的理論基礎。

中國的憲法還明定共產黨一黨專政，邏輯上，今天人數已達八千萬的共產黨員，享有專政地位。既然有此地位，共產黨員理當比其他十三億被專政者更加遵守單一國籍的國民義務，否則就是自我解構主權。

一黨專政，意味著所有的大小官員，都是共產黨員。然而，中國社科院近日發佈的一份調研報告指出，接受調查的司級以上公務人員有接近百分之七十五的人，認同其配偶子女可以擁有外國國籍或者外國永久居留權。二〇〇六年中共出台的《關於黨員領導幹部報告個人有關事項的規定》明確規定，「領導幹部配偶、子女出國（境）定居及有關情況應當報告」，但是官方一直沒有公佈數字。未經官方證實的報告說，二〇〇五年間，妻子及子女移民外國的官員，整個中國的人數近一百二十萬。此次社科院發佈的科學調查報告，可說是透過高官的價值觀，間接地證實了上述數字。

在西伐利亞式的主權概念下，這百分之七十五的中共高官的價值觀，正在解構中國的主權！假以時日，中國共產黨的一黨專政，將變成外國人直系親屬在中國的一黨專政！這個邏輯若不解開，中共如何得以維繫其一黨專政？脫套之道，只有二途；其一，將所有直系親屬具有外國籍者逐出共產黨，其二，與時俱進的主動軟化傳統的霸道主權概念，發展一種包容性的世界化概念，與國內的現實價值觀對接。

台灣的經歷，其實就是一個很好的範例。蔣介石的夫人是美國人，媳婦是俄國人，所有孫輩都是外國人；今日總統曾經是美國永久居民，其競爭者蔡英文的兄姐也是美國人。台灣的產業大腕、學術泰斗，其中無數都是外國人。這些擁有雙重國籍的檯面人物或其直系親屬，或害怕台灣的前途，或不喜歡台灣的環境，然而卻不妨礙他們宣稱自己也是台灣人。那些無法或無能或不願加入雙重國籍行列的台灣人，也都已經習慣並接受了這事實。他們覺得，只要感情上認同台灣的人，都可以被視為台灣人，包括在美國出生的林書豪。

在菁英以及富人想要直接或間接擁有第二國籍這件事上，中國大陸事實上已經邁向「台灣化」了，中共高官請不要再自欺欺人，看看你自己就知道了。你不可能把自己逐出共產黨，因此你只能走上述的第二條路，否則在霸道式的主權口號之下，百姓被激發出來的民族主義將回撲反噬，一黨專政勢將難保。

眼下對台灣的西伐利亞式主權的宣示，固然可以暫時遮掩黨員高官其實正在自我侵蝕中國同類主權之事實，但終究不能長久。因而於此建議中共，對台灣社會不要再搞什麼勞什子的西伐利亞主權概念了，事實上你連自己的黨員高官都無法用同一概念搞定。拿出中國式的智慧，只要台灣感情上也認同中國大陸，大家省下精力共同做點正經事，不是挺好的嗎？虛偽的高唱自己大陸內部都搞不定的主權效忠，只會一步一步地侵蝕台灣人民對大陸的感情認同。

至於在現實的國際權力鬥爭層面，中共大可不必擔心台灣會結合美國或日本來鬥大陸，這怎麼可能呢？絕大多數的台灣人只想自己過好自己的日子，自己決定自己的生活方式，如果現在出現聯美親日的現象，那也是你用西伐利亞主權概念所逼出來的啊。

收起那只鉗制台灣參與世界事務的手吧！若此，大陸百姓將更能包容中共高官在自我生活上都想與世界融合這個事實現象。若言與時俱進，還有比這更佳的範例嗎？

二〇一二年二月八日

寄望台灣二〇三〇：地球上第一個跳脫政治正確性的國度

當今世上，所有威脅人類前途的衝突，表露在檯面上的，都是「政治正確性」的交鋒。今日所謂的「國際」，其實就是一堆各不相容的政治正確性之間的競技場；不同社會之間的彼此敵視，底層都有其主流的政治正確性；階級與階級、宗教與宗教、團體與團體之間的警戒線，也都由政治正確性來定義。

上個世紀的地球是一個以「主義」分割的星球，資本主義、共產主義、霸權主義、民族主義、大東亞共榮主義，集權主義、自由主義、女性主義、ＸＸ基本教義……一頁紙列不完。隨著資訊科技發達，人們的世界觀變得開闊了，絕對排他性的「主義」失寵，「包容」的概念開始抬頭，人們開始以所謂的「價值觀」取代「主義」。

然而，地球上真實的利益衝突依然存在，國與國、族與族、階級與階級、宗教與宗教之間的新仇舊恨依然強大，真正的包容還只是奢侈品。人們在倡議包容而不可得的尷尬之下，創造了一個新的概念：政治正確性。政治正確性，它不是用來叫囂的「主義」，也不是用來自詡的「價值觀」，而是一種大家不好明說、假裝問題不存在的一條心理紅線，一種區分「我者」與「它者」言論及行為的隱性制約。

換句話說，它是人類在經歷了「主義」的粗暴、「價值觀」的虛偽性之後，不自覺開發出來的一個思想避難所。在政治正確性的掩護傘之下，有良知的菁英可以暫時迴避自己不夠包容的事實，愚鈍小民可以理直氣壯地聲張排他性的正義，而政客們也得以明確清除地操縱政治，不論採用剛性的暴力專制還是柔性的民主選舉。

人類的文明，儘管今天還有暴力殺戮存在，但若我們把歷史長軸在桌面上鋪開，很清楚地看到，人類的出路乃在於包容。這不代表人類未來必然能夠走到包容的境界，路途中的一場意外，也可能讓地球重返「主義」之粗暴生態。但是，今天地球上相當一部分人已經意識到，真正的包容才是真正的出路，任何利益衝突，唯有在真包容下，才能隨著時間逐步緩解。時間，不能解決一切，但是，時間加上真包容，可以化解那些不可逆轉的災難。

地球，需要真包容，而各種說不出口的隱祕的「政治正確」，還在妨礙真包容。人類的包容文化在演進，但偏見及自私還躲藏在「政治正確性」的心理保護傘之下。

地球上的人類文明，正在呼喚一個跳脫政治正確性的示範國度！人類在等待下一個春天第一顆發芽的種子！然而在當前的「國際」體系下，沒有一個「國家」具有跳脫的能力，道理很簡單，十七世紀以來的西伐利亞國際體系，其機制及邏輯，本質上是一個缺少包容概念的體系；一旦一個地方被納入「國際」體系，它就必須以某種非包容性的意識形態來護身。落後的國家，可能還在用「主義」來保護自己的狀態，而先進的民主國家，則依賴某種「普世價值」以伸張意志。自認已經居於文明先進的國家，雖然已經在口頭唾棄了赤裸裸的暴力，但仍然在西伐利亞國際體系下實施「政治正確」的暴力。甚至在先進民主國家之間的小圈子內，各國之間的往來依然處於政治正確性撞車的狀態。

如果我說，台灣有機會成為地球上第一個徹底跳脫政治正確性的國度，成為那個第一顆發芽的種子，請不要感到意外。因為，台灣不在國際體系內，至少不在國際體系的主流之內。台灣人真的還沒意識到，歷史給予它的地位是如何的獨特。在今天的世界裡，台灣猶如一個原子體系內的自由電子，它被原子核遺棄，難以加入任何一條固定軌道，但卻享有軌道與軌道之間的空間，它的自由度及衝撞潛力超過所有固定軌道上的電子。原子體系的突變，永遠來自自由電子；從原子體系的觀點看，自由電子是個孤兒，但從自由電子的觀點看，它是體系突變的觸媒。

台灣這顆自由電子在多年的內外衝撞之後，現在已經具有真包容的雛形；在它的各種「亂象」之下，某種平民精神其實已沛然成型。這種平民精神的包容性，可以用以下三條單純的信念來總結：誰怕誰；人不能欺負人；政府不可完全信任。前者，讓台灣人勇於爭權奪利；中者，讓爭權奪利止於惻隱之心及正義；後者，使得台灣人在與任何威權打交道時永遠機巧地「留一手」。

為什麼說台灣的「平民精神三信念」可以演化成為「真包容」？因為，爭權奪利及自我保護乃人世間現實，任何忽視人性欲望、「不食人間煙火」的包容理念，最終一定觸礁而無法得到普世認同。而四百年來台灣獨特歷史所培育出的平民精神，使得台灣人相信，每一個人都可以在自己的七情六欲下伸張自己的權與利，但你不能欺負人；在面對權威時，若你不完全同意，留一手是正當的。這是一種貼近人世現實的樸素原則，然而，所有「先進」的自由民主法治理念，都可以從中推衍而出；所有的衝突，都可隨著時間，在這三原則範圍內的激盪過程中化解。

今天梗阻台灣社會進一步走上真包容的，正是各式各樣的政治正確性的幽微紅線。台灣社會耗費了太多精力在政治正確性的紅線中，拐彎抹角，使得真實的議題無法浮現，人民猶如處在一只只燜鍋中，生命力無從充分釋放。台灣的下一步，在於自覺地走出各種政治正確性的陰影，讓台灣的平民精神不必再依賴政治正確性的保護傘，自由大膽地曝露在陽光下，展現在世界眼前。

在洗脫政治正確性這件事上，需要的條件不是「國際身分」，而是「世界胸懷」。台灣不大，但也不是那麼小，足以藉由內部的政策向世界表達立場。如果在對待文化、對待歷史、對待種族、對待性傾向、對待環保、對待能源、對待政治、對待經濟利益衝突等等事務上，台灣成為地球上第一個讓外人完全感覺不到政治不正確之壓迫的地方，那麼，台灣將享有無可比擬的世界美譽，使得台灣的「國際身分」話題顯得那樣渺小，也將使得那些用「國際邏輯」欺負台灣的人士卻步。

何謂大同？何謂王道？一個擺脫政治正確性遷絆，然而依然活蹦亂跳、力道十足的相互競爭狀態，就是大同，就是王道。台灣的平民精神，只要擺脫了政治正確性的框限，就可以搶到下一波文明的頭香，成為世界改變的觸媒。

台灣已經具備條件，向世界宣佈，台灣已經超越了十七世紀以來西伐利亞的古老框架，台灣的桂冠不再是該框架下的「國際身分」，而是地球上第一個跳脫政治不正確魔障的世界品牌地位。弔詭的是，一旦台灣如此宣佈，它的國際身分將自然而然的被世人鞏固。

或許你還不信，但何妨大膽想像一番？

二〇一二年二月十日

跋文

台灣可改變中國命運

經過一連串的修憲動作，今天的台灣民眾已經不認為中國大陸屬於他們。然而，大陸方面，通過「反國家分裂法」，大陸人民卻認為台灣是屬於他們的。這是一種危險的不對稱；當你認為鄰居的家不是你的家，鄰居的家務事不干你的事，而你的鄰居卻覺得你家屬於他家，你家的事就是他的事之時，局面只能是一方為攻、一方為守的對抗態勢。

兩岸關係已經被窄化為主權之爭，而這正是中共方面所希望看到的；北京希望兩岸之間落入一種「比大小」、「比硬功夫」的擂台賽，這樣，九百六十萬平方公里、十三億人口的一方，一定壓倒三點六萬平方公里、二千三百萬人口的一方。台灣社會的意識，正在朝向中共所設計的軌道前進，落入了那種比大小、比硬功夫的無可奈何悲情。

然而，中國是否可能也是台灣人的？

每一個我碰到的台灣人，包括那些堅持台灣必將和中國統一的人，更不用說那些堅持台灣必須和中國劃清界限的人，都告訴我說，在今天的台灣，這是一個政治不正確的提法。

即使贊成統一，也不敢說中國也是台灣人的？這裡面透露出一種古怪，似乎贊成統一的人群，已經默認台灣與中國大陸之間是一種「比大小」的關係，大陸是中原，而台灣是邊陲，邊陲不可能與中原掰力氣。

另一方面，即使贊成統一的人，也不願意自己及兒孫成為中國共產黨治下的一員，他們可以大聲地說出「我是中國人」，但是絕對說不出「我願意被中國共產黨統治」這句話。

中共以及大陸人民，至今沒有搞清楚一個關鍵問題：大陸現行的兩岸政策，不但搞不定獨派，連統派都搞不定。獨派與統派之間，具有一個最大公約數，那就是他們誰也不願意成為中國共產黨麾下的子民。兩岸關係若要出現實質性的突破，大陸方面必須清楚而大聲地說出兩句話：（一）台灣不會成為中國共產黨的治理範圍，（二）中國也是台灣人的，台灣人可以來改變中國！

而這正是當前的中國共產黨說不出的兩句話。一黨專政已經被寫入憲法，而中共憲法規定，世界上只有一個中國，且台灣是中國的一部分，因此一黨專政的效力包含台灣。

統獨問題，其實是個假議題。大陸方面的台灣研究者，喜好引用台灣的內部民調，說台灣內部還有若干比例的人民贊成統一云云。當這比例下降時，大陸就擔憂，當比例增長時，大陸就高興。其實，台灣的民調並沒有反映出問題的實質性，因為它的提問方式都只是模糊的「你贊不贊成統一」。倘若民調問題的提法改為「你贊不贊成台灣被中國共產黨統治」，贊成者的比例極可能為零。

另方面，如果民調的提問由「你贊不贊成台灣獨立」，改為「你贊不贊成台灣從此與大陸切斷所有關係」，贊成者的比例同樣也極可能為零。

台灣人民既不願意被中國共產黨統治，也不願意與大陸切斷關係。這，才是今日兩岸關係的實質。任何脫離了這實質的方案，無論邏輯如何嚴密，無論概念如何動人，都將只是裝飾品。

北京方面，近兩年來的對台政策，由「促統」轉向「防獨」。由短期策略的眼光來看，這是一種智慧。然而，這種策略思路究竟還是落在「統獨」的概念座標內。台北方面提出的「不統不獨不武」，連美國人都贊成，然而，它同樣也是在「統獨」範疇內的搬弄。

台北及北京，至今都不願或不敢觸及關鍵的實質問題。根據以上，我們可以把這實質問題做如下的描述：中共不可能放棄一黨專政，而台灣雖然可能接受自己也是中國的一部分，但不可能接受中共的直接或間接的治權。

這是一道兩難題。在可預見的將來，我們看不到中國出現多黨制；另方面，台灣的政黨選舉輪替制度也已經不可逆轉。兩難題的邏輯背反，排除了諸如一國兩制、一國兩府、一邊一國、一個中華民國一個中華人民共和國互不承認互不否認等等政治性方案。

面對這道政治兩難題，台北及北京現在都用「拖」字訣。拖的風險，在於擦槍走火。台灣的藍綠惡鬥、大陸的經濟社會壓力日增、國際經濟的險惡、美國在亞洲的軍事動作，不論兩岸誰當政，其中任何一項都可能激發台北或北京的「冒進」，而兩岸脆弱的關係，經不起任何一方的冒進。兩岸關係，坦白講，拖不起，拖的風險係數太大了！

既有政治兩難，又拖不得，那麼出路何在？我的看法是，出路在另外一個房間。在統、獨、主權的這個概念房間內，根本沒有出路！兩岸必須走出這個房間，進入另外一個「異度空間」，才能避開黑洞，超越光速。

主權之爭，不但不是台灣人的出路，不是中國人的出路，甚至不是中國共產黨的出路；在主權之外，兩岸關係在地球上具有一個更大的文明空間，有待我們去定位開發。即使拋開理念，僅就現實面來講，中共如果看不見、抓不到這個空間，它的執政將不可延續；台灣社會如果繼續漠視、拒絕這個空間，它的實力、創造力將被擰得一乾二淨。

本書在台灣出版的目的，為的是幫助台灣讀者瞭解大陸。但是，我也衷心的希望有一天它也可以幫助大陸讀者瞭解自身的處境。書中的觀點及筆法，肯定會引起兩岸讀者各自的情緒反應。然而，書中的每一篇都是不帶虛飾的真話，即使觀點錯誤，也是真話。

倘若大陸讀者看到此書，相當一部分人可能怒從中來，因而質問：台灣就沒有這些毛病嗎？台灣的民主亂象難道值得學嗎？另一方面，當台灣讀者看到此書時，大多數人可能感覺書中的剖析正好坐實了他們一向來的疑慮：中國病得這麼重，台灣還是不要和它結合為好。

這兩種反應都是合理的，也都是在預期之中。對於諸如此類的讀者反應，我可以用一句斬釘截鐵的話來回應：由於文化同源，今天中國患上的病，台灣過去都有，其中一些症狀至今都還在！病情輕重不同，病症也有所不同，然而病理相同！中國大陸與台灣，可以互為明鏡。台灣人若瞭解了真實的中國，則足以反省自身毛病的根源；大陸人若瞭解了真實的台灣，則足以反思自己的未來及路途上的艱困。倘若上天垂憐兩岸人民，台灣人及大陸人通過明鏡互照，因而達到了某種對文明方向的共識，地球上的人類則何其有幸。

中國大陸及台灣，說它是一個銅板的兩面也好，說它是一對同母異父、各走各路的兄弟也好，我個人的理念清楚而乾脆：中國，不管好壞，將改變世界的命運，而台灣經驗的對照性足以改變中國的命運！然則兩岸是跳脫主權爭議、攜手改變世界，還是一路扭打自困自殘於東亞？結論應該是不證自明的。

讀者可以參考作者稍早出版的另一本書《台灣是誰的？你的？我的？他的？世界的？》。這兩本書放在一起參照，當可較為完整的表述以上的理念：兩岸關係如果有一天能夠找到健康的出路，其基礎一定是跳脫狹隘主權爭議的「非政治性」（a-political）文明理念。在超越主權的更高文明空間內，中國以及台灣，都是屬於世界的，都背負著未來世界命運的責任。

由於是三年來陸續發表的文章的匯總，作者個人也在不斷修正自己的看法，文章之間或有相互矛盾之處，這點作者也就概括承受了。本書並未按照文章發表的時間順序編排，而是根據議題而成章，然每篇的當時發表時間都錄於文後。

范疇於二〇一二春

國家圖書館出版品預行編目(CIP)資料

中國是誰的？從台北看北京 / 范疇作. -- 新北市：八旗文化, 2012.03

面；　公分

ISBN 978-986-87906-3-6（平裝）

1.中國大陸研究　2.言論集

574.107　　101000952

<兩岸橋02>

中國是誰的？從台北看北京

作　者　范疇
總編輯　李延賀
美術設計　黃子欽
排　版　宸遠彩藝
校　對　耿立予

社　長　郭重興
發行人兼出版總監　曾大福
出版/發行　八旗文化/遠足文化事業股份有限公司
地　址　231新北市新店區民權路108-3號6樓
電　話　（02）2218-1417
傳　真　（02）2218-8057
客服專線　0800-221-029
E-mail：gusa506@yahoo.com
Blog: gusapublishing.blogspot.com
法律顧問　華洋國際專利商標事務所 蘇文生律師
印　刷　成陽印刷股份有限公司
初版六刷　2013年04月

定　價　300元

ISBN 978-986-87906-3-6

中國是誰的